영원속으로

미래를..잃어버린..
젊은 세대에게..건네는..

스무..살의..사회학

성난서울

怒りのソウル

아마미야 카린＋우석훈 지음·송태욱 옮김

꾸리에

빈곤과 차별 사회를 향한
거침없는 하이킥

하나. 영화 〈새로운 신神 - 포스트 이데올로기〉로부터

"나는 쭉 출구를 찾고 있다.

일본을 뒤덮고 있는 이 공기, 미리 모든 것을 포기해 버린 것

같은 허무, 또는 거기에서 아무것도 생겨날 것 같지 않은,

자기 이외의 무엇에 대한 의존과 사고정지는 무엇일까?

고도성장을 쫓는 자본주의의 강박으로부터 생겨난,

기댈 곳을 찾아 부유하는 개인……?

확실히 그럴지도 모른다.

국가, 사회, 학교, 또는 가족이라는 근대 이야기가 붕괴되어 가고,

동시에 개인의 가치관에 질문이 던져지기 시작했다.

우리는 떠돌고 있다.

하지만, 기댈 곳 같은 건 필요 없다고,

사람들은 왜 말하지 않는 걸까?

아마미야는 어느 순간부터 사회와 자신의 접점을 찾아내고 허무로부터

벗어났다고 말한다.

하지만 민족주의자 아마미야는, 아직 아마미야 자신이 아니다.

그것이 무엇이든 어떤 주의主義를 짊어지는 순간,

사람은 자신을 잃어버린다.

그녀는 비디오카메라와 마주함으로써 그것을 깨닫기 시작했다.

〈새로운 신〉은 커뮤니케이션 영화이기도 하다.

이 영화를 보아줄 당신과 함께 생각해 보고 싶어서 나는 이 작품을

만들었다. 우익, 좌익, 무슨 무슨 주의 등 아무래도 좋다.

이것은 내가 당신에게 있는 힘을 다해 만들어 보내는

비디오 편지다."

－영화 〈새로운 신〉의 감독 쓰치야 유타카

서른 살이 조금 넘은, 좌파 성향의 다큐멘터리 감독이 있었다. 때는 탈이데올로기 시대가 시작된 지 꽤 세월이 흐르고, 고도성장을 구가하던 일본에서 침체기가 본격적으로 한창이던 시기였다.

사람들의 마음을 짓누르는 우울하고도 무거운 분위기. 십대들은 뭔가 어긋나 보이는 요란한 옷들을 입고 신주쿠의 밤을 배회하거나 공원 한구석에 엉켜 있고, 직장을 구하지 못한 이십 대들은 싼 시급을 받으며 편의점을 옮겨 다니고

있을 때, 사회의 한쪽에선 정신적 우익이라 자처하는 신新우익들이 일본인들의 나태함과 빈약한 도덕을 준엄한 표정으로 나무라기 시작했다. 지금 일본인들에게 필요한 것은 전후 비굴하게 외면해버린, 조국을 위해 목숨을 바친 황국 병사들에 대한 추념追念이며, 빵과 일자리가 아니라 히노마루日の丸이고 기미가요君が代라고. 그는 그 정신 나간 소리들을 귓전으로 흘리며, 힘겹게 출구를 찾고 있었다.

한 여자가 있었다. 이십대 중반이 되어가는 이 여자의 삶은, 한마디로 파란만장이었다. 도쿄로부터 한참 떨어진 홋카이도 출신. 10대가 되기 전에는 걸핏하면 따돌림 당했고, 초등학교 때는 레즈비언 행동을 했으며, 사춘기가 되면서부터 가출을 일삼으며 어설픈 밴드 뒤나 따라다니곤 했었다.
장래의 꿈은 그래도 인형작가. 그러나 건강 문제로 그것도 좌절. 손목을 긋는 일이 반복되었다. 일찌감치 미래는 밝은 색이 아닌 것을 알아버렸으므로. 대학입시에서 두 번 떨어지고 재수할 무렵, 아르바이트 일터에서 며칠 만에 해고되는 일이 연속되자 마침내 자포자기, 약물 과다 복용으로 자살을 기도하기도 했다.

죽음에도 실패하자, 그녀는 그때부터 정신없이 의지할 무엇을 찾기 시작했다. 그리하여 그녀의 눈은 히노마루=국기를 보고, 그녀의 귀는 기미가요=천황을 듣게 된 것이다. 그것이 설사, 나중 그녀가 말하듯 "환영幻影의 애국"이고 "환영의 천황"이었다 할지라도. 텔레비전에서 아프리카의 기아나 내전소식을 접하면서 "그래도 일본인인 나는 행복하다"라고 생각할 수 있다는 것. "이것 밖에는 매달릴 것이 없으므로, 여기에 빠져 있는 날 무시하지는 말아줘"라는 호소.

드디어 신神을 발견한 것이다. 그녀는 "동지" 이토와 극우파 밴드 '유신적성숙維新赤誠塾'을 결성하고 과격한 펑크 비주얼 음악을 연주하기 시작한다. 극우적 선동가사로 도배된 노래와 함께 이들은 길거리에서 총을 들고 천황폐하를 위해 충성을 다하자고 외친다. 펑크록과 기미가요, 군국주의 제복과 로리타 패션의 포스트모던한 결합. 그때는 이게 얼마나 어색한 조합인지 알 수도 없었고, 알 필요도 없었다. 그저 메가폰을 잡고 소리 높여 외칠 뿐이었다. "평화는 웃기는 것이고, 일본인들은 다시 유신적으로 거듭나야 한다"고.

이제는 좌파 영화감독과 20대 극우파 펑크록 가수가 만날 차례. 감독의 이름은 쓰치야 유타카, 여자 가수는 아마미야 카린, 그리고 또 한 사람 카린의 동지 이토. 쓰치야는 카린에게 비디오카메라를 주면서 그녀 자신과 일상을 자유롭게 찍으라고 권한다. 그는 "천황 만세"를 외치는 카린을 함부로 비판하려 들지 않았고, 이용하려고 하

지도 않았다. 단지 자신의 모습을 들여다 볼 거울을 건네주었을 뿐.

카메라를 든 카린은 극우단체의 지원을 받으며 북한에도 갔다. 거기서 "주체사상이 있기에 행복하다"는 북한주민들을 보고는 "나도 북한에서 태어나 지도자 동지를 위해 산다면 얼마나 행복할까요"라고 셀프카메라 앞에서 담담하게 말한다. 극우와 주체가 한 치의 오차도 없이 일치되는 풍경. 하지만 비디오카메라는 거울. 그녀는 거기에 찍힌 자신의 모습을 보면서 그 표정과 일상 속에 담긴 공허함을 조금씩 느끼기 시작한다. 북한으로 간 적군파, 그곳에서 취직도 결혼도 하지 못한 채 살아가는 일본인들, 국가이든 이념이든 그것으로 규정된 개인적 삶들의 황폐함을 보면서. 이제 서로에게, 혹은 스스로에게 향하던 이들의 카메라엔 이런 대화도 담긴다. "일본인의 99퍼센트는 좌익이니 우익이니에 관심이 없다. 나머지가 서로를 두고 떠들어대는 말일 뿐."

둘. 신神을 버린 여자, '고단한 삶'의 실체를 응시하다

어차피 국가는 아마미야 카린의 초라한 스무 살짜리 인생을 구해줄 의사도, 관심도 없었다. 탈이데올로기 시대에 시대착오적인 신우익들에 의해 재생산된 내셔널리즘은 그토록 벗어나고자 했던 카린의 불안한 삶으로부터 그녀를 구원해 주지 못한다. 좌익도 우익도 그것이 이데올로기인 한 안정된 자들의 몫.

아마미야는 이제 신을 던져버렸다. 그리고 '전향轉向'했다. 여기서 오해가 없었으면 한다. 천황주의자가 김일성주의자로 변하는 것, 이것은 전향이 아니다. 그 거꾸로도 마찬가지다. 한국에서처럼, 1980년대의 주체사상파들이 박정희주의자로 돌아선 것, 이것도 마

찬가지다. 그 역逆도 마찬가지다. 쓰치야 감독은 "민족주의자 아마미야는 아직 아마미야 자신이 아니다"라고 했다. "무엇이든 어떤 주의主義를 짊어지는 순간 사람은 자기 자신을 잃어버리기 때문에."

자기 자신으로 되돌아오는 것, 이것이 아마미야의 전향이었다. 자신의 고단한 삶으로 되돌아와 그것을 응시하고, 고통의 원인을 캐물으며, 그것을 쉽게 운명이라 생각하여 미리부터 포기하며 허무(공허)에 자신을 맡기지 않는 것……
아마미야 카린은 자신의 고단한 삶(이것이 언제나 그녀가 쓰는 글의 중심 테마이다)으로 되돌아가 기록하기 시작한다.

손목을 긋던 고등학교 때보다 그녀는 프리터로 일했던 열아홉부터 스무네 살까지가 훨씬 힘든 시절이었다고 기억한다. 늘 해고의 불안에 사로잡혔던 생활. 고용된 그날 해고당했을 때는 자신이 세상에 아무런 쓸모가 없는 사람으로 생각되어 죽고만 싶었던 기억. 집세를 낼 수 없게 되어 부모한테 울며 매달리면서 "이 분들이 돌아가시면 노숙자가 되겠구나" 생각되어 공포에 휩싸였던 기억까지.

그래도 다른 사람들에게는 "내가 좋아서 하는 일"이라고 말했다. 다른 프리터들도 마찬가지였을 터이다. 자신의 생활이 불안하면 할

수록 "자신이 좋아서 하는 일이다"라는 커튼을 치고 싶은 법. 그래
서 한때는 일본사회 전체가 이런 허위의식을 공유하고 있었다. 정
규직보다 벌이도 낮고 팔자도 편하다는 등, 밑으로부터 빈궁화가
급속히 진행되는 현실에서 애써 고개를 돌린 채 일본은 프리터로도
살아갈 수 있는 나라라는 환상을 오래 움켜쥐고 있었던 것이다. 직
접 만난 도쿄 도지사 이시하라 신타로가 "프리터는 의외로 돈을 많
이 갖고 있다"고 말할 때, 현실을 영 모르는 사람 취급을 할 수 있게
된 건 훨씬 뒤의 일이었다.

아마미야 카린은 더 이상 과거의 그녀가 아니었다. 어딘가에 소속
된 사람들을 막연히 부러워하던, "가난은 자기 책임"이라는 말 앞
에서 한없이 주눅 들던, 낡은 과거를 가져와 도덕적 훈계나 늘어놓

니시오 칸지 등이 쓴 책 《국민
의 역사》. 나중 일본의 '새로운
역사교과서'의 토대가 된 책이
다. (사진 오른쪽) 고바야시 요시
노리의 《전쟁론》.

는 고바야시 요시노리의 《전쟁론》 따위에 철없이 열광하던 과거의
그녀로 되돌아갈 수 없었다. 어느 매체의 글에서 평가하는 것처럼,
아마미야의 최대 강점은 고단한 삶에서 길러진 감성으로 사회의 왜
곡을 경이로운 비율로 일치시켜 읽어내는 능력이다. 아마미야는 지
식인이 앞세우는 개념적 틀이나 허위의식으로 사회를 읽어내지 않
는다. 아래에 길게 인용하는 그녀의 글이 그것을 분명히 보여준다.
이 글은 《전쟁론》 이데올로기에 대한 그녀의 통렬한 반격이다.

"《논좌論座》(아사히 신문 발행) 2007년 1월에 게재된 〈마루야마
마사오丸山眞男를 갈겨주고 싶다. 31세 프리터, 희망은 전쟁〉이
란 글이 화제가 되고 있다. 31세의 프리터인 아카키 도모히로
씨가 쓴 이 글은 제대로 지금의 일본을 상징하고 있는 것 같다
는 것이 나의 생각이다.

야근 알바로 8시간 일하고, 새벽녘에 집에 돌아와 넷서핑을 하
는 나날. 다음날 저녁 무렵 일어나 다시 알바로. 월급은 10만
엔을 조금 넘는다. 나와 동갑인 그는 취직빙하기에 취업 연령
이 되었지만, 프리터로만 10여 년 일했다. 그는 이렇게 쓴다.
"31살의 나에게 자신이 알바(일용직)라는 사실은 참을 수 없는
굴욕이다."

결혼하는 주위의 친구들, 일자리 나누기라고 해봐야 결코 젊은이들에게 돌아오지 않을만한 일들뿐. 그러나 그의 고민도 "노력이 부족하다"는 한마디로 정리되고 만다. 그가 바라는 것은 '재도전' 따위의 도박이 아니라, 안정적인 직장이다. 결혼하여 가정을 꾸미고 저금하는 따위는 먼 꿈일 뿐인 그는 프리터의 존엄은 어디로 간 거냐고 한탄한다.

그들이 저임금 노동자로 쓰고 버려지는 동안 10년 이상의 시간이 흘렀다. 그러나 사회는 그들을 나무랄 뿐 구제하지 않는다. 평화가 계속되면 이런 불평등도 계속된다. 그래서 그는 쓴다. "아주 단순한 이야기로, 일본이 군국화하여 전쟁이 일어나고, 많은 사람들이 죽으면 일본은 유동화된다. 많은 젊은이들이 그걸 바라고 있을 거라고 나는 생각한다."

이 글을 처음 읽었을 때, 쇼크를 받았지만, 동시에 과거의 내 심정을 대변하고 있다는 느낌이 들었다. 20대의 프리터 시절, 나는 우익단체에 있었기 때문이다. 저임금 노동자로 매일 소모되고 있는 나에게 잃을 것 따위 없었다. 게다가 프리터로부터의 탈출구도 없었다. 전쟁이나 대지진이라도 일어나 주지 않으면 재도전의 기회는 없다고 생각되었다. 자살희구와 뒤섞

인 파멸희구. 전쟁희구……

최근 그와 만날 기회가 있었다. 그는 "전사하면 보상금도 있고, 명예도 얻는다"라고 말했다. 프리터인 채로 죽으면 아무것도 얻을 수 없다. 그에게 있어 이대로 평화가 계속되는 것은 이대로의 격차사회가, 가지지 못한 사람들이 착취당하는 불평등이 계속되는 것이다. 그래서 그는 '반전평화'라는 슬로건을 '가진 자의 기만'이라고 말한다. 가진 자는 전쟁으로 잃을 것이 있지만, 가지지 못한 자는 전쟁으로 뭔가를 얻을 수 있을지도 모르기 때문이다.

자. 당신은 어떻게 생각할까?
그의 전쟁희구를 나는 일본사회에 대한 선전포고라고 이해했다. 왜냐하면, 프리터로 대표되는 불안정 고용에 처한 젊은이

들의 일상은 이미 생존을 건 전쟁 상태이기 때문이다. 반면 어
느 정도 안정된 사람들이 바라는 이 격차사회에서의 평화는
그들을 쭉 전쟁터에 가둬놓는 것이 될 것이기 때문이다.
전쟁이라는 희망과 평화라는 절망…… 이 나라에서는 전쟁
과 평화의 정의가 뒤바뀌려 하고 있다.**"**

(이상은 아마미야 카린의 글 〈평화라는 이름의 불평등〉)

셋. 빈곤과 차별이 있는 곳에 "아마미야 카린이 간다!雨宮処凛がゆく"

아마미야 카린의 목표는 "위협받지 않고 일하며 살 수 있는 사회"
이다. 영화 〈새로운 신〉의 경험 이후 작금에 이르기까지 그녀가 줄
기차게 하고 있는 일들 중 하나는, 무직과 가난은 '자기 책임'이며
정신과 도덕, 집단에 대한 충성심이 자신을 구원할 수 있다는 정신
적 우익들의 거짓말을 폭로하고 다니는 일이다. 가난한 사람들에게
'애국'은 없다. 조국을 덜 사랑해서가 아니라 가난한 사람들에게
고통을 더욱 전가시키는 국가는 사랑받을 가치가 없기 때문이다.

그래서 그녀는 국가가 관심을 가져주지 않는 곳으로 달려가고, 귀기울이지 않는 가난한 사람들의 신음소리를 찾아간다. 그녀의 주특기는 '사운드데모' 이고 '노이즈액션' 이다. 카린의 복장이 요란하고 그녀의 목소리가 시끄러운 것은, 가난한 사람들은 비가시적인 존재이고 그들의 목소리는 강요된 침묵이기 때문이다.

아마미야는 세상의 이치를 다 아는 것처럼 말하는 좌파의 점잖은 충고도 대수롭지 않은 것으로 받아넘긴다. 그녀에게 중요한 것은 그럴듯한 이론이나 사상이 아니라 "생존이 걸린 빈곤" 문제이고 제대로 자신을 펼칠 기회도 얻지 못한 채 불안한 미래로 내던져진 20대의 내일이다. 카린은 이 생존이 걸린 빈곤 앞에서 좌와 우가 없다고 명쾌히 정리한다. 어떤 이들에게 아마미야 카린의 행동은 천방지축이고 좌충우돌로 비칠 수도 있다. 그러나 그녀는 전혀 개의치 않는 눈치다. 그녀의 새로운 화두는 연대連帶이다. 결론 삼아 분명히 말할 수 있는 한 가지는, 빈곤과 차별이 있는 사회라면 어디든 "아마미야 카린이 간다" 는 것이다.

이 책은 2008년 12월에 일본의 유수한 매체 《주간 금요일》에서 출간된 《성난 서울—일본 이상의 격차 사회를 사는 한국(怒りのソウル—

日本以上の「格差社会」を生きる韓国》을 번역한 것이다. 일본어판 제목에서
알 수 있듯이, 아마미야 카린은 한국에서 놀랄 만큼 심화되고 있는
격차사회의 현장을 목격했고, 부당한 현실을 개선하기 위해 싸우거
나 다른 미래를 모색하는 사람들을 찾아가 만났고, 그것을 기록으
로 남겼다.

《성난 서울》에는 이방인의 낯선 말투도,
어색함도 전혀 스며들어 있지 않다. 거만
한 태도 같은 것은 두말할 필요도 없다.
이 책을 쓴 그녀의 목적이 걸리버 여행기
가 아니라 '연대' 이기 때문이다. 카린의
연대의 손길에 기꺼이 응해준 사람은 경
제학자 우석훈 선생이다. 한국어판《성난

서울》은 이미 작년 여름 이후부터 부지런히 한국과 일본을 오가며 연대와 우정을 다져온 '아마미야 카린—우석훈' 연대의 소산이라 할 수 있다. 아마미야 카린 씨와 더불어, 바쁜 시간을 내어 공모共謀해 주신 우 선생께 깊은 감사를 드린다.

편집 후기《성난 서울》출간 준비를 하면서 자료를 뒤적이다가 우리는 이 책의 일본어판이 나온 지 불과 3개월이 지나는 사이, 아마미야 카린의 책 3권이 더 출간된 사실을 알고 크게 놀랐다.《프레카리아트의 우울》(講談社),《배제의 공기에 침을 뱉어라》(講談社),《살기 위하여 반격하라》(筑摩書房) 등의 제목이 붙은 책들이 그것이다. 종횡무진…… 빈곤과 차별 사회를 향한 거침없는 하이킥! 아마미야 카린의 책을 내는 것은 분명 즐거운 일이다.

유쾌한 반격은 이미 시작되었다

졸저 《88만원 세대》가 출간된 이후, 나는 본의 아니게 20대 문제와 비정규직 문제의 한 가운데 서게 되었고, 내가 이해하는 문제는 물론이고 이해하지 못하는 문제까지 한꺼번에 답해야 하는 곤혹스러운 처지에 놓이게 되었다. 설상가상으로 마침 불거진 일본의 파견 노동 문제와 소위 워킹 푸어나 잡 리스라고 불리는 사람들의 문제에 대해서까지 이런저런 이유로 같이 고민해야 하는 상황에 처하게 된 것이다. 한국에서 원고 쓰는 일과 강연 다니는 일만으로도 차분히 앉아서 책 읽고 고민할 시간을 갖기가 어려운데, 일본까지 가서 강연도 해야 하고 또 치밀하고 깐깐하다는 그 나라 방송이나 언론사와 인터뷰하게 되는 등 줄곧 무리한 일상의 연속이었다. 어디 몸만 고된 것이었을까. 이제는 한국과 일본을 비교하여 두 나라 사이의 차이와 유사점에 대해 보다 광범위하게, 또 정밀하게 분석을 해야 하는 과제를 떠안게 된 것이다.

좋은 점이 있다면 이전보다 조금은 더 입체적이고 종합적인 시각으로 사안을 바라볼 수 있게 되었다는 점이고, 나쁜 점은 한국이나 일본이나 답이 없는 상황에서 고통 받는 사람들이 늘어나는 것을 지켜보고만 있어야 한다는 점이라고 할 수 있다. 상황은 어느 정도 이해가 가고, 기술적인 대안에 대해서도 약간은 정리된 생각을 가지고 있는데, 정치적·사회적 조건으로 인해서 상황이 속절없이 악화되고 있는 것을 지켜보고만 있어야 한다는 것은 적지 않게 고통스러운 일이었다.

그 와중에 세계적인 금융위기가 터졌고, 한국에서는 비정규직이 먼저, 그리고 일본은 도요타에서부터 시작하여 30대 파견사원들이 먼저 해고되는 일이 벌어지게 되었다. 아무도 지금의 이 금융위기가 얼마나 오래 지속될지, 그리고 그 끝에 어떤 모습의 경제 질서와 사회적 상황이 펼쳐질지 모른다. 그러나 한 가지 확실한 것은 지금 기득권을 가지고 있지 않은 사람들에게 새로운 구조조정과 함께 진행되는 이 전환기가 매우 고통스러울 것이라는 점이다. 사회적 경제라고 하는 또 다른 경제의 한 요소들이 점점 강화될 것은 확실해 보이지만, 그렇다고 해서 지금 경제의 안정권 밖에 있는 사람들의 삶이 급격히 개선되지는 않을 것이고, 일단 무너져버린 복지국가의 틀이 단시일에 강화될 것으로 보이지도 않는다. 그야말로 엎친 데 덮친 격이다.

한편으로, 미국에서는 오바마의 등장과 함께 이전과 약간은 다른 경제 질서가 전망되고 있고, 일본의 경우 조만간 있을 참의원 선거 이후 어떤 방식으로든 지금과 다른 경제적 흐름이 생길 것으로 사람들은 예상하고 있다. 반면 이러한 경향과는 반대로 한국은 앞으로도 오랫동안 작금의 약간 이상한 경제 질서가 오히려 더 강화되고 견고하게 될 가능성이 더욱 높아 보인다. 그야말로 별 준비된 것이 없거나, 아직 경제적 기득권 내로 들어가지 않은 사람들에게는 남아있는 시간이 죽을 맛일 것이다.

이 책의 일본판 원저자인 아마미야 카린은 그 와중에서 만나게 된 아주 특별하면서도 독특한 동지인 셈이다. 록음악을 하는 가수였고, 이제는 르포작가로 활동하는 그녀는 문화예술인이면서 동시에 일본의 빈곤형 비정규직 당사자 운동의 활동가이기도 하다. 일본의 주간지 《주간금요일》의 인터뷰어와 인터뷰이의 관계로 처음 만난 이 관계는 어느덧 양쪽의 교류에서 일종의 포스트 역할을 하게 되었다. 그녀에게 소개를 받고 한국으로 나를 만나러 온 언론인들과 활동가들, 그리고 나 역시 일본으로 가는 사람들에게 그녀를 소개하게 되었고, 그렇게 긴 시간은 아니지만 이제는 아주 독특한 연대와 연결고리들이 생겨나게 된 것이다. 시간은 많은 변화들을 동반하며 흘러갔다. 일본에서도 큰 사건들이 몇 개 벌어졌고, 한국에서도 큰 변화들이 잇따라 생겨났다. 그러는 사이, 나의 책 《88만원 세대》 일본어판의 추천사를 그녀가 써주게 되었고, 덕분에 다른 사회적 맥락에서 쓴 한국 저자의 책이 일본 독자들에게 소개가 되는 데 상당한 도움을 받게 되었다.

아마미야 카린이라는 아주 특별한 여성이 가지고 있는 상징적 의미에 대해서는 이 책의 뒷부분에서 좀더 소상하게 소개하도록 하겠지만, 어쨌든 그녀는 지금 일본의 20대 비정규직이라 할 수 있는 '잃어버린 세대', 즉 '로스 제네' 당사자 운동의 대표적 리더에 해당하는 사람이다. 물론 이 사회적 흐름에서 그녀 혼자만이 리더인 것은 아니지만, 독특성과 대중적 인기로는 단연 최고라고 할 수 있을 것이다.

이 책은 그런 그녀가 2008년 여름, 르포작가이자 《주간금요일》의 인터뷰어로서 서울을 방문하였을 때의 얘기들을 책으로 발간한 것으로 일본에서는 독자들의 호응을 꽤 얻은 것으로 알고 있다. 이 책의 한국어판 출간을 준비하는 꾸리에북스의 요청으로 원래의 일본어 버전에다 지난 여름 방문 이후 벌어진 몇 개의 사건과 내가 그녀에 대해서 개인적으로 이해하는 것들을 첨부하여 일종의 공저 형식의 책으로 내게 되었는데, 그녀의 원고와 나의 원고가 섞이지 않고 구별되어 있으므로, 아마 독자 여러분 입장에서 읽어내는 데 불편을 주지는 않을 것이다.

한국이든, 일본이든, 지금 한 번도 겪어보지 못한 놀랄만한 수준의 청년실업 문제와 함께 빈곤 문제라는 것이 전면적으로 등장하고 있고, 과거의 계급 중심의 민중운동이나 환경, 여성 등으로 대표되는 시민운동과는 조금 다른 새로운 형태의 당사자 운동이 생겨나는 중이라고 할 수 있다. 속도로 보면 일본이 조금 빠른 편인데, 한국은 문제가 조금 더 심각하기 때문에 일단 구심점이 형성되면 훨씬 더 빠른 속도로 진행될 것으로 예상되고 있다. 한국에서의 20대 당사자 운동에 대해서는 조만간 레디앙 출판사에서 《혁명은 이렇게 조용히》라는 이름으로 출간을 준비하고 있는데, 이 책에서는 기술적인 문제나 방법론적인 문제에 대한 고민보다는 그간 한국과 일본 사이에서 벌어진 일들, 그리고 그렇게 진행된 약간의 시대적·상황적 맥락에 대해서 좀 더 편하게 이해할 수 있게 하는 데 약간 신경을 썼다.

20대 청년실업의 문제나 비정규직 문제와 같은 것들은 심각하고 우울한 얘기인 것은 맞다. 그러나 언제까지 우리가 이렇게 맨날 심각할 수만 있겠는가? 아마미야 카린의 글들은 그렇게 심각한 문제들을 때때로 유머와 지나칠 정도의 낙관과 같은 양념들을 섞어가며, 특유의 예리한 디테일 같은 것들로 잘 버무리는 장점이 있다. 어쨌든 그녀는 '촘촘한 사회'로 일컬어지는 일본에서 특히 층이 두터운 르포문학 내에서도 선두에 달리고 있으며, 매번 문제작을 제출하는 아주 좋은 문제적 작가이기도 하다. 지나치게 문제의 심각성에 빠져서 그녀의 글을 읽는 재미를 놓치지 않으시면 좋겠다. 이방인의 눈에 한국의 문제가 어떻게 비치는가와 함께 또 어떤 스타일의 문체가 지금 일본에서 가장 설득력 있는가를 동시에 살펴보는 것도 의미 있는 독서 방법일 것 같다. 가끔 그녀의 글을 읽으면서 생각해보면, 내 글은 지나치게 무겁고, 또 유머가 결여되어 있다는 반성을 하기도 한다.

한국의 20대 당사자 운동은 이제 그 출발점 위에 서 있을 뿐이다. 부디 이 경쾌하고 일면 유치해 보일지도 모르는 스케치 같은 한 권의 책이 이런 새로운 흐름에 도움이 되기를 진심으로 바라며, 또한 이 지루한 경제위기의 시대를 살아가는 독자 여러분들의 삶에도 때때로 웃음과 함께 낯선 친구와 새롭게 사귀게 되는 즐거움이 따르기를 바란다.

이 책의 출간을 맡아준 꾸리에북스 식구들, 그리고 매번 통역을 해주신 일본 《아시아 프레스》의 김혜경 선생께도 이 자리를 빌어 고마움을 표하고 싶다.
우울한 자본의 시대이다. 그러나 유쾌한 반격은 이미 시작되었다.

2009년 4월 서울에서
우석훈

"만국의 프레카리아트여,
공모하라!"

"국경 따위는 상관없다! 내셔널리즘을 넘어 한국과 일본이 연대하
자!"

2008년 11월 도쿄에서 개최된 '전쟁과 저항의 축제 〈페스타09〉—
책임자 나와! 이건 놈들의 전쟁이다!'의 데모 후 우리는 공원에서
사운드시스템을 가지고 애프터 파티에 돌입했다. 그 파티의 마지막
순간, 병역거부를 하면서 일본 대학에 유학하고 있는 한국 젊은이
가 외친 구호가 이 글의 첫머리에 인용한 말이다. 이 데모에는 한국
에서 군사 퍼레이드를 할 때 장갑차 앞을 전라로 막아서는 행동으
로 몇 초간 "세계를 멈춘" 젊은이도 있었다.

2008년 7월 일본에서 개최된 G8에 대항하여 열린 반反G8 캠프에
서도 한국 젊은이들과 교류한 적이 있다.
그리고 그 다음 달, 부시가 방한하던 날 한국의 서울에서 일어난 데
모에서 나는 기동대를 피해 갈팡질팡하다가 우연히 반G8 캠프에서
함께 했던 한국 젊은이들과 재회하기도 했다.

이렇게 한국과 일본 사이의 연대는 '멋대로' 시작되고 있다.
1990년대 후반 일본판 '백수' 모임이라고 할 수 있는 〈다메렌だめ連〉
과 한국의 〈백수연대〉 젊은이들이 교류를 시작했었고, 이제는 한국
과 일본의 미디어 활동가들이 서로의 나라 상황에 대해 발신하기

위해 공동으로 〈짬뽕〉이라는 사이트를 만들어 활동을 시작하려 하고 있다. 그리고 이 일에는 한국과 일본만이 아니라 아시아 여러 나라의 미디어 활동가들도 밀접한 관계를 맺고 있다.

우리는 완전히 동일한 '비참함'을 공유하고 있다.
그것은 '불안정함'과 '빈곤'이다.
비정규직 비율이 37~38퍼센트에 이르는 일본은 24세 이하의 청년 가운데 두 사람 중 한 사람이 비정규직이다. 고되게 일을 해도 먹고 살 수 없는 저임금, 한 달 앞을 내다볼 수 없는 나날. 게다가 금융위기는 파견사원으로 일하는 젊은이나 중장년의 직장을 빼앗아 그들 대부분을 노숙 생활로 내몰았다. 얼마 전까지 '자유로운 삶'이라고 하여 많은 사람들의 입에 올랐던 일본의 프리터의 경우, 지금은 집을 잃고 넷카페에서 숙박하며 휴대전화 메시지로 내일의 날품팔이 일자리를 확인하는 '하루살이 인생'에서 벗어나지 못하고 있다. 그들은 국내에서 난민화하고 있는 것이다.

20대 중반에서 30대 중반까지의 젊은이들도 마찬가지다. 그들은 '로스트 제너레이션'(잃어버린 세대)이라 불리며 정규직으로 일하며 사는 것, 결혼하여 아이를 키우는 것, 그리고 무엇보다 살아가는 것의 가능성과 의미 자체를 잃어버린 상황이다.

나는 이런 일본의 비참함과 마찬가지 상황이 한국에서도 확대되고 있다는 사실을 알고 있다. '88만원 세대'라 불리는 젊은이들. 젊은 층의 높은 자살률이나 정신장애 발병률. 그리고 비정규직 비율이 이미 50퍼센트에 육박하는 상황은 일본보다 더 심각한 붕괴를 빠른 속도로 체험하고 있는 것처럼 보인다.

그러나, 한국에서는 많은 사람들이 반격을 시작하고 있기도 하다. 상황이 나쁘니까 많은 사람들이 당연히 '인간다운 생존'을 요구하며 목소리를 높여 행동하고 있는 것이다.

나는 이런 한국의 다양한 저항에서 커다란 용기를 얻었다. "한국의 운동은 일본보다 훨씬 앞서 있다." 이 책을 읽은 많은 일본 독자들로부터 그런 소감을 들었다. 이제 일본의 젊은이들도 일어서기 시작하고 있다. 일본의 거의 모든 지역에서 프리터가 '인디 노조(독립된 노동조합)를 만들고 있고, 또 전국 각지에서 '인디 메이데이indie mayday' 행사를 개최하고 있다.

한 마디로 "살게 하라生きさせろ!"를 외치기 시작한 것이다. 연대 또한 확대되고 있다. 유럽 여러 나라들의 메이데이와도 결합하여 세계 각지에서 일어나고 있는 '불안정화'에 대한 목소리를 높이고 있는 것이다.

우리는 스스로를 '프레카리아트'(불안정한precarious 프롤레타리아트)라
고 부르고 있다. 신자유주의가 석권하는 세계에서 불안정함을 강요
받고 있는 사람들이라는 의미다.

그러므로 한국의 프레카리아트에게도 호소하고 싶다. 한국과 일본
이 연대하여 '생존' 운동을 펼쳐나가자고.

올해(2009) 인디 메이데이는 한국과 연대하기 위해, 우리는 지금 준
비하고 있는 중이다.

2009년 3월 도쿄에서

아마미야 카린

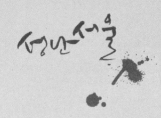

CONTENTS

서울로 가는 길
─ 삶의 다른 가능성을 찾아서

한국의 상황은 너무도 일본과 닮아 있었다.

그 사실을 안 것은 내가 '노동/생존 운동=프레카리아트precariat' 운동에 관계하기 시작한 직후의 일이다.

일하는 사람 중 세 명에 한 명꼴이 비정규직인 일본에 비해 한국은 두 명 중 한 명이 비정규직이다. OECD(경제협력개발기구) 국가 중 비정규직 비율 단연 1위. 그 사실을 알게 되었을 때부터 한국에 가서 취재하고 싶다는 생각이 쌓여갔다.

여행을 떠나기 전, 나는 한국의 20대가 '88만원 세대'라고 불리고 있다는 사실을 알았다. 일본에서는 20대 후반부터 30대 전반의 젊은이들이 '로스트 제너레이션lost generation'이라고 불리던 무렵이었다. 이탈리아에서는 이 연령대의 젊은이들을 '1,000유로 세대'라고 부르고 있었다. 이렇게 어느 나라나 젊은 세대들이 다시 문제가 되고 있었다. 그들은 "학력이 꽤 높은데도 정규직이 되지 못하고 임시직 등을 전전하는 워킹 푸어working poor 젊은이"들이었다.

대체 무슨 일이 일어나고 있는 걸까?

흔히 일본에서는 워킹 푸어나 프리터freeter 등에 대해 '자기책임'이라는 말을 사용한다. 가난은 국가나 사회가 아닌 궁극적으로 자기 탓이라는 의미로 사용되는 말이다. 그렇다면 선진국에서도 광범위

하게 확대되고 있는 이토록 공통된 사회 현상을 어떻게 설명할 수
있을까? 그것은 개인의 문제가 아니라 경제 구조의 문제로 이해되
어야 하는 게 아닐까? 자본의 세계화나 산업 구조의 변화, 경제 위
기 등으로 모든 나라가 부담을 짊어지게 된 상황에서 특히 젊은 세
대가 '전가轉嫁된 피해'를 떠안게 된 것은 아닐까 하는 의문이 마땅
히 뒤따르지 않을 수 없었다. 그런 물음을 지니고 떠나온 한국 취재
였다.

그리하여 나는 한국의 수도 서울에서 다양한 젊은이들과 여성들,
'자발적 지원자'들을 만났고, 다양한 운동 현장으로 달려가 보았다.
그 뿐만이 아니다. 외국인 노동자, 아티스트, 한국판 니트neet인 '백
수', 연구자들의 코뮌, 그리고 20대의 '병역거부자' 등 실로 다양한
사람들을 만났다. 특히 그 가운데서도 나는 한국의 병역거부 문제

가 '일본 헌법 9조의 그림자' 라고 말한 젊은이로부터는 큰 영향을 받았다.

이탈리아 비정규직 젊은이들의 삶을 소개한 인터넷 소설 《1000유로 세대》.

현실적 조건과 처지는 달랐지만, 그들에게는 한 가지 공통된 점이 있었다. 그것은 갈수록 살기 힘들어지는 사회 현실을, 곤궁한 사람들을 더욱 벼랑으로 몰아세우는 인간 조건을 자신들의 손으로 바꾸고 싶다는 의지와, 새로운 세계의 모습을 자유롭게 그려보고 싶어 하는 그들 속의 소망, 그 한 가지였다.

이 책에는 한국에서 다양한 사회적 실천을 전개하고 있는 사람들이 소개되어 있다. 같은 고민을 하는 한국과 일본의 젊은이들이 꼭 자신들의 상황으로 끌어들여 읽어주기만을 바랄 뿐이다. 이 책은 미래의 희망을 스스로의 힘으로 만들어가려는 이들에게 바치는 헌사이기도 하다.

프레카리아트 '불안정한' precarious이라는 형용사와 프롤레타리아트proletariat를 합성하여 만든 신조어로 신자유주의 경제 하에서 불안정한 고용·노동 상황에 있는 비정규직 및 실업자를 총칭하는 말이다. 국적, 연령, 혼인 관계에 제한을 두지 않고 시간제 근무자, 아르바이트, 프리터, 파견노동자, 계약사원, 위탁노동자, 이주노동자, 실업자, 니트 등을 포괄한다. 그 밖에 빈곤을 강요당하는 영세 자영업자, 농업인 등을 포함하는 경우도 있다. 서로의 삶을 멸시하게 하면서 한없는 살아남기 경쟁으로 사람들을 몰아넣는 약육강식의 경제 하에서 자신의 불안정한 삶을 강요당하면서도 그 경쟁에 참여하는 것을 포기한 사람들은 위에서 말한 각각의 범주에 얽매이지 않고 프레카리아트에 포함될 수 있다. 두 단어를 결합하여 전혀 새로운 말을 만듦으로써 신자유주의 사회에서 빈곤층이 현실에 맞서는 방법을 보여주고 있다.

로스트 제너레이션 일본인들은 1991년 이후 대학이나 고등학교를 졸업하고 사회에 첫발을 내디딘 25~35세 연령층 사람들을 '로스트 제너레이션' (잃어버린 세대)이라고 부른다. 당초 이 용어는 제1차 세계대전이 끝나고 기존의 도덕이나 상식 등 가치관을 상실하고 절망에 빠진 세대를 의미했는데, 일본에서는 '잃어버린 10년' 사이에 사회에 진출한 젊은 층을 일컫는 용어로 정착되었다. 이른바 '취업빙하기' 때 사회에 나온 이들은 정규직이 아닌 아르바이트, 파견사원 등 비정규직으로 사회생활을 시작한 사람이 많았다. 로스트 제너레이션은 헤밍웨이의 《태양은 다시 떠오른다》(The Sun Also Rises, 1926)에 서문을 쓴 거트루드 스타인(Gertrude Stein)이 명명한 용어다.

워킹 푸어 '일하는 빈곤층' 이라는 뜻으로, 열심히 일을 해도 저축하기 빠듯할 정도로 형편이 나아지지 않는 계층을 말한다. 이들은 갑작스런 병이나 실직 등으로 한 순간에 빈곤층으로 전락할 가능성이 높다. 임시직이나 비정규직 노동자가 늘어나고, 계속되는 경기침체와 물가상승으로 자신을 워킹 푸어라고 생각하는 사람들이 증가하는 추세다.

프리터 일본에서 정식사원 이외의 취업형태(아르바이트나 파트타임 등)로 생계를 유지하는 사람을 가리키는 말.

니트 처음 영국 정부가 노동정책상 인구 분류 범주의 하나로 정의한 말로 "Not in Education, Employment or Training"의 줄임말이다. 즉, 교육을 받지 않고, 노동도 하지 않으며, 직업훈련도 받지 않고 있는 사람들이다. 부정적인 의미로 '일하지도 않고, 일할 의지도 없는 청년 무직자'로 불리거나, 혹은 '식객 인간' 이라 비하되기도 한다. 일본에서는 프리터와 혼동하기도 하는데, 프리터가 아르바이트 등을 하고 있으면 노동자로 취급되고, 실업자의 경우도 취업활동을 하고 있다는 점에서 니트와 구분된다.

한국, '쓰고 버려지는 노동'의
현실에 놀.라.다.

거리를 가득 메운 데모대

느닷없이 살수차에서 시뻘건 물이 발사되었다. 도로 가득 퍼져 있던 데모대가 환성을 지르며 폭죽을 쏘아 올린다. 데모대를 향해 다가오는 노란색의 거대한 살수차. 뛰기 시작하는 데모대. 그들을 쫓는 경찰기동대. 부랴부랴 나도 이리저리 사람들에 치이며 뛰기 시작한다. 어수선한 분위기인데도 왠지 모두의 얼굴에는 웃음이 흘러넘치고 있다.

2008년 8월 5일, 서울 한복판 종로의 한 거리. 취재를 위해 한국에 도착한 그날은 하필이면 조지 W. 부시 미국 대통령이 방한한 날이었다. 짐 정리를 하는 둥 마는 둥 밤 8시 반이 지나자 부랴부랴 호텔을 뛰

쳐나갔다. 항의 데모가 있을 거라는 이야기를 들었기 때문이다.

종로 근처까지 가자, 가는 곳마다 경찰 기동대가 대열을 이루고 있고, 길은 철망으로 단단히 뒤덮힌 경찰버스들로 막혀 있었다. 삼엄한 분위기 속으로 나아가자 앞쪽에 차도를 가득 메우고 있는 데모대가 보였다. 휘날리는 깃발. 구호 소리. 깃발에 한글로 쓰인 굵은 글자들. 수건 등으로 얼굴을 가린 젊은이들. 부시의 방한에 항의하며 게릴라식으로 다섯 군데서 시작된 이날의 데모대는 흩어지고 합류하기를 반복하다 끝내 경찰 기동대와 대치했다. 장소는 대단한 번화가. 일본으로 치자면 신주쿠의 알타alta studio 앞 같은 곳이다. 그런 장소가 데모대에 의해 점거되었고 젊은이들은 저마다 '미친 소, 너 나가!' 등 구호를 외친다. 미국계 햄버거 체인점 버거킹 앞에서 소규모로 충돌하는 데모대와 기동대. 기동대에 연행되어가는 젊은이들.

놀랍게도 보도를 걷는 사람들은 그런 대규모 데모에도 그다지 놀란

알타 빌딩. 도쿄 신주쿠 역 앞에 있는 빌딩으로 맨 꼭대기 층에 TV 스튜디오가 있어서 전국적으로 유명해진 패션 빌딩. 젊은이에게 인기 있는 브랜드나 잡화를 취급하는 가게가 많으며 건물 앞은 늘 젊은이들로 북적인다.

기색이 없다. 평소처럼 한가하게 영업하는 보도步道의 포장마차. 아무렇지도 않게 데이트하는 커플. 살수차가 지나간 뒤에는, 물대포 공격을 피해 골목으로 흩어졌던 데모대가 다시 돌아와 차도에 앉아 노래부른다. 이상한 해방감이 거리를 감싸고 있다. 어쩐지 아무렇게나 하는 듯한 '자유'로운 공간. 이날 데모 참가자는 1만5천 명이라고도 하고, 3만 명 혹은 5만 명이라고도 했다. 그리고 이 날만 160명이 넘는 사람들이 체포되었다.

2008년 2월에 취임한 이명박 대통령이 처음으로 미국을 방문했을 때 미국산 쇠고기 수입 금지 해제 조치를 '선물'로 가져간 일로, 한국에서는 5월 이래 수만 명 규모의 촛불집회가 연일 계속되고 있었다. 이에 대응하여 대통령은 데모 참가자 한 사람을 구속하면 경관에게 현금을 지불한다는 등의 형편없는 수준의 데모 진압을 시작했었다. 그러나 이런 현상금 붙이기 식의 유치한 대응에 대한 비판이 일자 이번에는 어쩔 수 없이 '마일리지제'에 의한 상품권 지급으로 방식을 변경했다고 한다. 지금은 한 사람 구속하면 5만 원 정도의 상품권을 주는 모양이다.

그런 상황에서 한국에 부시가 온다고 하니 그냥 넘어갈 수가 없다. 살수차를 피해 도망 다니느라 갈팡질팡했던 이날 한국 사람들은 마치 '80년대' 같다는 말을 많이 했다. 민주화투쟁이 전개된 그 시대의 기세가 올해 다시 한국을 휩싸고 있었다. 어떤 사람이 흥분 섞인 목소리로 말했다. "올해는 다들 분노하고 있지. 쇠고기 문제는 물론이고 비정규직 문제 등으로. 어쨌든 몹시 화가 나 있어!"

현장에는 그러나 비장감은 좀처럼 찾아보기 힘들었다. 웃으면서 횃불을 손에 든 아저씨, 어느 단체인지 같은 색 티셔츠를 입고 앉아 노래를 부르는 젊은이들. 그 옆에서 기타를 치고 북을 치는 사람들. 차도는 완전히 점거되어 있었고, 그곳은 마치 번화가에 갑자기 출현한 '해방구' 같았다.

그 순간 그곳으로 느닷없이 택시 한 대가 경적을 울리며 다가왔다. 그치지 않는 경적소리에 젊은이들이 무슨 일인가 하고 몰려간다. 아무래도 택시기사 아저씨는 데모대가 차도를 점거하고 있는 것에 화를 내고 있는 모양이다. 택시 안에서 소리를 지르는 아저씨에게 젊은이들이 무슨 말인가로 되받아친다. 알아들 수 없어서 정확히 무슨 말이 오갔는지는 알 수 없지만, 어쩐 일인지 아저씨는 갑자기 옷을 다 벗더니 택시에서 뛰쳐나왔다. 그리고는 전라全裸인 채로 젊은이들에게 무언가 외쳐댄다. 서둘러 아저씨의 몸을 가리는 젊은이들과 그런 것에는 아랑곳하지 않고 고래고래 소리를 질러대는 아저씨. 하지만 결국 아저씨는 무사히 택시로 돌아갔고, 마치 한 편의 콩트 같은 그 광경에 모두들 황당해 하면서도 웃고 있다. 아저씨가 포동포동하게 살찐 체형이어서 그런지 한층 더 훈훈함을 연출한 것 같다. 본인은 진짜 화를 냈겠지만.

어쨌든 한국 사람은 화끈하다. 젊은이도, 아저씨도.
물론 이번 한국을 방문한 주요 목적은 이 전라의 택시기사 아저씨가 아니고, 비정규직 문제에 있다.

95퍼센트의 젊은이가 비정규직

한국의 비정규직 비율은 일본을 훨씬 웃도는 50퍼센트다. 두 사람 중 한 사람이 비정규직. OECD 국가들 중에서 단연 1위다. 그 배경에는 주로 한국 정부 관계자들이 반복해서 말하는 'IMF 경제위기' 문제가 있다.

1997년 경제위기에 내몰린 한국은 IMF(국제통화기금)로부터 긴급자금을 지원받는 대신 '구조개혁'을 요구받았다. 금융 재편이나 공공 부문의 민영화와 함께 '노동시장의 유연화'까지 요구받은 한국에서는 1998년 2월 노·사·정 합의로 '정리해고법'이 우여곡절 끝에 법제화되고, 이어 '노동자 파견법'이 제정된다. 그리하여 이후 수많은 실업자가 발생하는 한편 정규직에 비해 임금이 절반 정도인 '워킹 푸어'가 대량으로 생겨난다. 특히 그 여파를 받은 사람은 주로 젊은 층이다. 20대의 비정규직 비율은 90퍼센트라고도 하는데, 바로 이들이 '88만원 세대'라 불리고 있는 것이다.

'88만원 세대'란 최근 한국에서 발매되어 베스트셀러가 된 책의 제목이다. 이 책을 계기로 젊은이들의 가혹한 상황이 한층 주목받게 되었다. 88만 원이라는 액수는 20대 비정규직 고용자의 평균 임금인데, 일본 돈으로 환산하면 8만5천 엔 정도다. 대학 진학률이 80퍼센트를 넘는 젊은 세대가 고학력인데도 정규직을 얻을 수 없는 상황이 어쩌면 그렇게 일본과 닮았는지. 《시사인》이라는 시사주간지의 '88만원 세대'라는 제목의 특집에는 이런 말이 쓰여 있었다.

"한번 비정규직이면 영원한 비정규직."

"올 4월의 조사에 따르면 비정규직으로 사회에 첫발을 내딛은 사람

정리해고법 1998년 2월 6일, 외환위기의 한파가 한창일 때 제정되었다. 사용자가 긴급한 경영상의 필요에 따라, 예컨대 불황 또는 구조조정 등의 사유에 의한 인력감축조치로서 일정수의 근로자를 해고하는 것을 말한다. 정리해고가 정당성을 갖기 위해서는 첫째, 긴박한 경영상의 필요가 있어야 할 것, 둘째, 해고를 피하기 위한 노력을 다해야 할 것, 셋째, 공정하고 합리적인 해고 기준을 정해야 할 것, 넷째, 사전에 노조 등 노동자 대표와 성실히 협의해야 한다는 4가지 요건이 충족되어야 한다. 그러나 이 법을 빌미로 사용자들은 노동조합 와해의 방편으로 조합원들을 대량 해고하고, 그 빈자리를 하도급 또는 사내하청 등으로 대체하려고 시도하고 있으며, 이에 대해 법원은 그 정당성을 인정하여 면죄부를 주고 있다는 비난을 받고 있다.

앞서 말한 《88만원 세대》는 20대의 5퍼센트만이 대기업이나 관공서에 취직할 수 있고, 그 외 95퍼센트가 불안정한 비정규직을 전전하며 일생을 마칠 것이라고 경고하고 있다. 어쩐지 일본의 가까운 미래를 암시하고 있는 것 같은 느낌이 들었다. 반면 이런 상황을 반영하듯 안정된 직장인 공무원의 인기는 높아만 간다.

입시 전쟁의 배후에 있는 비정규직 문제

한국에는 공무원 시험 등을 준비하기 위해 '고시원'이라 불리는 공부방에서 생활하는 젊은이가 많다. 실제로 입시학원이 난립한 노량진 지역의 고시원 방을 봤는데 외양은 깨끗한 신축 아파트 같은 느낌이었고 복도에는 좁은 간격으로 방문들이 죽 늘어서 있다. 넓이는 4.5평방미터 정도. 침대와 책상과 에어컨과 냉장고가 구비되어

노동자 파견법 '파견근로자보호 등에 관한 법률'을 통상 근로자 파견법이라 한다. 외환위기 때인 1998년 IMF의 고용 유연화정책 권고를 받아들여 입법한 것으로, 명목은 파견노동자를 보호하기 위한 법인데, 실상은 그렇지가 않다. 파견노동이라고 하는 고용형태를 합법적으로 제도화하기 위해 만든 법으로, 일반적으로 파견업체가 고용 풀pool이 되며, 신규 노동인력들이 파견업체에 소속이 되어 사용 사업주에게 노동을 제공하게 된다.
파견법상 해고, 임금 등 중요한 노동 조건에 관하여 파견업주가 근로기준법상 사용자가 된다. 따라서 사용 사업주가 파견노동자가 맘에 안 든다고 그만 나오라고 해도 이는 근로기준법상 해고가 아니다. 파견업주가 다음날 또 다른 회사로 보내면 해고가 아닌 것이다. 즉, 언제든지 자르고 싶을 때 자르는 것을 합법적으로 보장해 주는 반反노동자적인 법이다.

있고 컴퓨터 등은 자신이 준비한다. 보증금은 없고 월 임대료는 34만 원. 이용자의 대부분은 20대지만 그중에는 30대도 있다고 한다. 일본의 넷카페와 마찬가지로 '사는 것'을 목적으로 한, 집 없는 사람도 있는 것 같은데 우리가 방문한 고시원은 "나이 든 사람은 받지 않는다"는 규정이 있었다. 하지만 가족 4명이 4.5평방미터의 고시원 방 하나에 사는, 집 없는 사람들도 적지 않다고 했다.

비정규직화가 진행되는 가운데 많은 부모는 아이들에게 안정된 직업인 공무원이 될 것을 요구한다. 그러니 지방 공무원도 경쟁률이 100대 1을 넘는다. 그중에는 몇 년이나 공무원 시험을 위해 공부하고 있는 젊은이들도 있다. 그런 젊은이가 시험 스트레스로 인해 길거리에서 놀고 있는 초등학생을 구타한 사건 등이 보도된 적도 있다. 젊은이들의 스트레스는 상당할 것이다. 일본에서는 흔히 한국의 과도한 입시전쟁이 보도되곤 하는데 그 배경에는 이 정도로 심각한 비정규직 문제가 있는 것이다.

'넷카페 난민netcafe-nanmin'이란, 홈리스homeless의 일종으로 일정한 주거지 없이 인터넷 카페(internet-cafe: 한국의 PC방 과 같은 공간)에서 지내면서 생활을 영위하는 사람들을 지칭하는 조어造語다. 일본 사회의 빈곤화를 상징하는 말로서 2007년부터 매스컴에서 자주 언급되어 왔다. 이 조어가 보편화된 것은 2007년 1월 28일 《니혼 텔레비전》에서 방송한 〈NNN 다큐먼트〉의 '넷카페 난민 – 표류하는 빈곤자들'에 의해서였다.

격차 사회의 집중 포화를 받고 있는 것은 젊은이들만이 아니다. 또 하나의 표적은 여성이다.

2008년 8월 9일 비정규직 여성들이 단식투쟁을 하고 있는 공장에서 집회가 있다는 이야기를 듣고 달려갔다. 그곳은 봉제공장에서 일하는 여성 노동자들을 주인공으로 한 영화 〈구로 아리랑〉의 무대가 되기도 했던 지역에 있었다. 지하철 구로역에서 버스를 타고 도착한 곳은 가산디지털단지에 있는 기륭전자.

이곳에서는 두 여성이 지난 6월부터 60일간 단식투쟁을 하고 있다고 했다.

공장 문 앞에는 "목숨을 건 투쟁으로 정규직화 쟁취하자!"라고 쓰인 현수막이 걸려 있었다. 컨테이너 위에 설치한 텐트에서 단식투쟁을 하고 있었는데, 놀라운 것은 텐트 옆에 검은 관이 놓여 있다는 사실이었다. 현수막에 쓰인 말대로 '목숨을 건' 투쟁인 것인지, 나는 그 관을 보고는 할 말을 잃었다. 기껏해야 '정규직화'를 요구할 뿐인데 어째서 목숨까지 걸어야 한단 말인가. 단식투쟁 현장에 놓인 관은 어쩐지 이 나라의 슬픈 현실을 상징하는 것처럼 보였다.

그녀들이 일했던 기룡전자는 위성라디오를 만들어 미국에 수출하는 회사이다. 2004년 8월, 그곳의 파견노동자 104명이 일제히 해고를 당했다. 게다가 해고 통지는 문자메시지. 내일부터 나오지 말라는 짧은 내용이었다고 한다.

그 이후 공장 앞에는 항의가 계속되어 왔다. 해고된 파견노동자는 대부분이 여성으로 급료는 정규직의 절반 정도. 회사 측은 공장을 중국으로 이전한다고 했는데, 이것은 사실 위장 이전이 아닌가 하고 의심하는 사람도 있다. 회사 측은 그러나, "이제 한국에서는 제조하지 않고 고용하지도 않는다"는 말뿐. 지금까지 줄기차게 항의하며 온갖 일을 다 해봤지만 상황이 변하지 않았기 때문에 '마지막 수단'으로 단식투쟁을 시작했다. 처음에는 열 몇 명이었지만 시간이 갈수록 한사람씩 병원으로 실려가 지금은 두 명. 투쟁을 지원하고 있는 진보신당 부집행위원장인 정종권 씨는 이렇게 말한다.

"이제 모든 것을 다 했기 때문에 마지막 수단으로 목숨을 걸게 되었습니다. 단식 중인 여성은 37세와 39세의 여성으로 둘 다 미혼입니다. 한국 사회에서는 경제적으로도, 사회적으로도 굉장한 약자지요. 비정규직 문제는 여성에 집중되어 있습니다. 불매운동을 하고 싶어도 이 공장에서 만들고 있는 상품은 미국으로 수출하는 것이라서 그것도 못하는 처지입니다."

회사 측의 대응은 한결같은 것이었다. "당신들은 파견직이니까"라는 말을 되풀이하며 자신들의 회사는 고용주가 아니라는 방어논리를 펴는 것이 그것이다. 일본 기업과 똑같은 변명이다. 정 씨는 말을 잇는다.

"중요한 것은 파견회사가 고용주가 되게 하는 구조와 현실을 바꾸

는 일입니다. 저희는 파견법을 없애야 한다고 생각합니다. 파견직은 정규직에 비해 급료도 절반이고, 사회복지 면에서도 아무런 보장도 못 받고 있거든요. 생산 라인에서도 차별적이고, 바보 취급을 당하고 있는 거지요."

집회에는 전前 국회의원으로 진보신당의 공동 대표인 심상정 씨도와 있었다. 1980년대에는 노동조합을 이끌고 활동했으며 10년간 지명 수배를 당하여 '노동운동의 마녀'라고 불리기도 했던 인물이었다. 그녀에게, 비정규직 문제에 대해 정책적으로 어떤 요구를 하고 있는지 물었다.

"고용주가 비정규직을 비용 절감을 위한 존재 정도로밖에 생각하지 않기 때문에, 그런 부분을 규제하도록 요구하고 있습니다. 우선 비정규직을 정규직화해야 합니다. 비정규직은 정말 필요한 것에만 한

정하고 그 이외에는 비정규직을 인정하지 않는 형태로 규제해야 하겠지요. 물론 위법 파견도 완전히 없애야 합니다. 그리고 하청, 재하청으로 고용되는 형태가 아니라 실제로 일을 시키는 기업이 직접 계약을 하게 해야 합니다."

역시 요구는 일본의 비정규직 노동운동과 거의 같다. 그런 사정을 전하자 그녀는 말한다.
"애초에 한국 노사관계의 모델 자체가 일본에서 온 것이니까요, 그런 의미에서 보면 비슷한 것이 당연하겠지요."
그렇구나…….

"어쨌든 비정규직이 남용되는 제도 자체를 바꾸어야 합니다. 그렇게 하기 위해서는 비정규직 사람들이 연대할 수 있는 조건을 만들어내고 지원해 나가는 것이 중요하겠지요. 먼저 비정규직 사람들이 주체를 형성할 수 있도록 해야 합니다. 생활의 질을 높이는 고용, 임금, 복지라는 종합적인 정책이 필요해요."

파견노동자는 휴대전화 메시지 하나로 해고해도 되는 건가

집회 도중 단식 중인 두 사람을 만날 수 있었다. 하지만 이야기를 나누는 것조차 힘든 건강 상태여서, '그래도 한 마디 정도라면'이라는 조건으로 만남이 이루어졌다. 자원 봉사자인 한 여성이 걱정스러운 표정을 지으며 말했다. "의사는 심장에 쇼크가 올 가능성이

있다고 해요. 우리는 중단했으면 싶지만 본인이 그만두지 않아
서……."

긴장하면서 사다리를 타고 컨테이너 위로 올라가자 모기장이 쳐진
텐트 안에 하얀 옷을 입은 두 명의 여성이 있었다. 분회장인 김소연
씨와 유홍희 씨다. 비쩍 말라 있는 두 사람. 억지로 지어준 웃음이
아프다.

나는 일본에서도 비정규직 고용이 확대되고 있고, 또 그런 상황에
반대해 행동에 나서는 사람들이 있다는 사실을 전했다. 김소연 씨
는 다소 괴로운 듯 얼굴을 찡그리며 대꾸했다.
"어떤 나라든 자본가들은 이윤을 남기기 위해 비정규직을 악용할
테니까요. 한국이라든가 일본이라든가 그런 식으로 구분되지 않고
노동자는 하나라고 생각해요. 절망하지 않고 다 같이 희망을 갖고
싸워나갔으면 해요."

천막 안에서 60일에 걸쳐 단식을 하며 농성하고 있는 김소연 씨와 유흥희 씨. 비정규직 노동자들의 운동이 이런 지경에까지 이르는 데 있어서 한 가지 기억해야 할 사실이 있다.

1996년 이른바 정리해고법이 국회에서 날치기로 통과된 후 연말 총파업을 벌였지만, 다음 해 노·사·정 합의로 정리해고를 인정해 준 것은 민주노총 지도부였다는 사실이다. 1998년 김대중 정부 출범 이후 그해 8월 24일 울산 현대자동차 노조지도부는 정부의 중재안을 받아들여 277명을 정리해고하는 데 합의해 준다. 그 277명 안에는 식당에서 일하던 아줌마들 144명이 포함되어 있었다. 36일 간의 긴 파업투쟁은 그렇게 끝났고, 단 한 명의 정리해고도 받아들일 수 없다며 벌였던 강고한 투쟁의 드라마는 "신노사 관계 옥동자 탄생을 위한 산고의 과정"으로 바뀌어버렸다.

그때 노·사·정 협상의 정부 측 대표는 나중 인권 변호사라는 후광을 입고 대통령이 되는 당시 새정치국민회의 소속 국회의원 노무현이었다. 오늘 첨예한 문제가 된 비정규직 보호법이 국회를 통과한 것도 참여정부 시절인 2006년 11월이다. 2008년 9월 기륭전자 비정규직 노동자들의 단식투쟁 현장을 방문한 한 여성이 쓴 글에는 다음과 같은 말이 있다.

"2006년 비정규직법이 여야합의로 통과될 때도 제대로 싸워내지 못한 노동계 출신 의원들. 10년 후 그 법들이 노동자들에게 어떤 칼이 되어 날아올지 모르고 어리석게 싸우지 못한 우리는 모두 그녀들에게 죄인이다. 그 법들이 기륭을 만들고, KTX를 만들고, 이랜드를 만들고, 코스콤을 만들었다. 우리는 왜 이렇게 어리석은가. 왜 이렇게 순진한가."

공장을 중국으로 이전한다는 이유로 해고된 파견노동자. 국경을 넘어 똑같은 일이 벌어지고 있는 것이다. 텐트 바깥에서는 젊은이들이 〈비정규 아리랑〉이라는 노래를 부르고 있다. 곡은 도중에 랩이 된다. "문자메시지 해고. 휴대전화만 없었다면 해고되지 않았을 텐데"라는 내용의 가사다.

대기업에서 잇따라 사회문제가 되고 있었던 '문자메시지 해고'. 그러나 이 어이없는 방식의 해고는 지금은 무효가 되었다. 작년부터 서면에 의한 해고통지만이 인정되게 된 것이다.

그러나 한국에서는 점차 일이 있을 때만 호출을 받고 일을 하는 비정규직 노동자가 급증하고 있다. 바로 일본의 일용 파견노동과 같은 형태의 고용 행위가 한국에서도 확대되고 있는 것이다. 이제 노동하는 인간은 휴대전화 문자메시지 하나로 부름을 받고 또 문자메시지 하나로 '필요 없다'며 버려진다. 이렇게 되면 사람은 결코 삶을 영위營爲하는 것이 아니게 된다. 하루 단위로 잘게 나뉘어 일하게 된다면 생활은 점점 더 불안 쪽으로 내몰릴 수밖에 없다.

비정규직 비율이 50퍼센트인 나라 한국. 그러나 바로 그렇기 때문에 이처럼 비정규직 운동도 확대되고 있다. 한국에서 비정규직 문제가 운동이 된 것은 2000년으로 거슬러 올라간다. 그해 국영기업에서 민영화되는 수순을 밟아가던 한국통신에서 비정규직 노동자들이 하루아침에 800명이나 해고되는 사태가 발생했고, 해고된 노동자들은 400일이 넘게 싸웠다. 그 과정에서 안타깝게도 스스로 목숨을 끊은 사람도 있었다. 한국에서 비정규직 노동운동이 본격화한 것은 바로 그때부터였다는 것이다.

기륭전자의 집회 마지막에서는 전원이 "우리도 사람이다! 비정규
직을 철폐하라!"라고 외쳤다. "우리도 사람이다"라니……. 왜 이처
럼 당연한 말을 굳이 하지 않으면 안 되는 걸까?
일본으로 돌아온 뒤 얼마 후 나는 그 두 사람이 병원으로 실려 갔다
는 소식을 듣고 가슴을 쓸어내렸다. 그러나 김소연 씨는 병원으로
옮겨진 뒤로도 여전히 단식투쟁을 계속하고 있다는 소식이다.(결국
김소연 씨의 단식투쟁은 94일이나 이어졌다. 그 후에도 노조 측의 항의는, 납
품처인 미국 본사에 원정대를 보낸다거나 종교·사회단체·학생 대표 등에 의
한 단식 릴레이 등으로 지속되고 있다.)

전국금속노조 방미 원정투쟁단과 미국 노조단체연합(UAE) 회원들이 기륭전자가 단파 위성라디
오를 납품하는 미국 뉴욕의 시리우스사 앞에서 기륭전자의 비정규 여성노동자 탄압을 고발하
는 시위를 벌이고 있다.

악용되는 '비정규직 보호법'

한국에서 '비정규직 보호법'이 시행된 것은 2007년 7월부터였다. 이 법의 핵심 내용은 이렇다. 2년 이상 일한 파견노동자는 이후 직접 고용해야 하며, 마찬가지로 2년 이상 일한 기간제 노동자는 정규직으로 간주하여 정규직과의 차별적인 대우를 금지한다는 것이 그것이다.

얼핏 좋은 법률처럼 보이지만 평판은 나쁘다. 기륭전자 집회에서도 사람들은 하나같이 이 법을 악법이라 단정하며 폐지를 요구했고, 심상정 씨 역시 이 비정규직 보호법의 내용을 한마디로 '공염불'이라고 일축했다.

왜냐하면 기업 측은 이 법의 시행에 맞춰 비정규직 계약을 해제해 버리거나 외주화하기 시작했기 때문이다. 물론 이유는 간단하다. 비정규직을 정규직으로 해주고 싶은 의사가 없으니까.

2006년 이랜드 그룹은 프랑스계 대형마트 까르푸를 인수하여 이름을 홈에버로 바꿨다. 이 기업은 2008년 다시 홈에버를 다국적 기업(삼성 테스코)이 운영하는 홈플러스에 매각했다.

한국의 이랜드 계열 대형 마트인 홈에버가 좋은 예다. 이 대형 마트에서는 비정규직 보호법이 시행되기 직전 비정규직으로 일하는 여성 계산원들을, 아웃소싱outsourcing 한다는 이유로 차례로 해고했다. 그들 대부분은 가정을 가진 주부다. 해고된 여성들은 전면적인 파업에 돌입하여 수백 명이 점포를 점거했다. 당초 회사 측도, 자원 봉사자들도 기껏해야 2, 3일을 버티지 못할 것이라 예상했던 농성은 20일 이상 이어졌고, 이후로도 홈에버 입구에 텐트를 쳐놓고 파업을 계속하고 있다. 손님들이 오가며 반드시 보게 되는 정문 앞에서 말이다.

파업을 계속하고 있는 여성들에게 이야기를 들었다.

26세의 한 조합원 여성은, 처음에는 자신들의 해고가 비정규직 보호법 때문인지 알지 못했다고 한다. "그때까지는 워낙 힘든 일이어서 자기가 그만둔다고 말하기 전에는 해고당하는 일은 없었거든요." 단기 계약 사원도 계약은 자동갱신되었었다. 그러나 비정규직 보호법이 시행되던 무렵부터 차례로 해고되기 시작했던 것이다. 한편으로는, 정규직 사원의 경우에도 무리한 배치전환 명령을 받고 어쩔 수 없이 직장을 떠나는 경우도 있었다.

"이 투쟁에 참가하면서 비로소 세상을 보는 관점이 달라졌어요."
다른 한 조합원 여성이 들려준 말이다. 그때까지는 "열심히 일하면
고용은 안정될 것이라고 믿고 있었다"는 것이다. 그러나 사실은 달
랐다. 그런 현실에 의문을 품고 일어선 그녀들은 회사 측이 조직한
구사대求社隊 남성에게 구타당해 코뼈가 부러지기도 하고, 체포되어
벌금형을 받기도 했다. 이와 같은 탄압이 있는 다른 한쪽에는 "아이
들 학비 문제가 있어 돈을 벌지 않으면 안 되는" 현실이 가로놓여
있었다. 투쟁을 지속하는 데 있어 무엇보다 가장 큰 문제는 "비정규
직이라서 돈이 없다"는 것이다. 해고된 사람 중에는 편의점에서 아
르바이트를 하면서 투쟁을 계속하는 사람도 있었다.

헤어질 시간이 되었을 때 한 조합원 여성은 내게 일본의 비정규직
사람들에게 메시지 하나를 전해 달라고 했다. "나라는 달라도, 비정
규직이라는 위치에 놓인 사람들의 처지는 그다지 다르지 않을 것이
라는 것. 그러므로 싸워서 얻지 않으면 안 된다는 것. 기다리고 있으
면 누구도, 아무 것도 주지 않는다는 것. 이런 말을 해주고 싶네요."

비정규직 고용 상황도 비참하지만, 한국에서 가장 열악한 노동 환경에 놓인 사람은 역시 외국인 노동자들일 것이다.

1990년대 이후 본격적으로 이주해 들어오기 시작한 외국인 노동자들의 일터는, 일본에서 말하는 이른바 '3K'('힘들다' きつい, Kitsui, '더럽다' 汚い, Kitanai, '위험하다' 危険, Kiken.) 작업장들. 한국에서는 Danger(위험), Difficult(어려움), Dirty(더러움)의 머리글자를 따서 '3D 업종'이라고 부르는 작업장들이다. 한국에 있는 외국인 노동자는 대략 62만 명 정도. 그중 3분의 1일이 등록되어 있는 노동자, 다음 3분의 1은 중국의 조선족 등 재외 한국인, 그리고 나머지 3분의 1은 불법체류자다. 국적 비율로 보면, 중국인이 가장 많고 베트남과 태국, 그리고 인도네시아와 필리핀 순으로 이어진다.

한국에서 내가 만난 외국인 노동자는 2000년부터 이 나라에 와서 취업하여 생활하고 있는 네팔인 A씨이다. 30세에 그는 가족의 생계를 위해 네팔에서 산업연수생이라는 이름으로 직업 훈련을 받던 중 한국으로 왔다. 산업연수생의 신분으로 처음 들어간 직장은 자동차 공장. 그가 맞닥뜨려야 했던 한국의 현실은 어떤 것이었을까?

"제가 들어간 자동차 공장은 시스템이 잘 갖춰져 있어서 그렇게 힘들지 않았습니다. 휴식 시간도 제대로 있었고, 다만 대우는 공장마다 달랐던 것으로 알고 있습니다."

그는 일본의 연수제도에 대해서도 알고 있는 듯 내게 "일본이 혹독하다는 이야기는 들었습니다"라고 말을 건네 왔다. 아아, 한국에 있는 네팔인에게까지 악명이 높은 일본의 외국인 연수·기능 실습제도. 가난한 나라의 이주노동자들에게 일본의 '외국인 연수생' 하면 무엇을 떠올리게 될까?

일본 각지의 공장에서 '시급 300엔'에 일하는 중국과 베트남 출신 젊은이들. 여권도 빼앗긴 채 '채무노예 상태'에서 휴일도 없이 일해야 하는 가혹한 노동 조건. 화장실에 가는 것도 벌금을 내야 하는 등의 끔찍한 상황. 이런 현실에 대해 일본 정부는 단 한 번이라도 진지하게 생각해 본 적이 있을까?

그런데 그런 A씨. 2003년부터는 불법체류자다.
"불법체류자가 되고 나서는 무척 힘들었습니다. 열 몇 시간을 일했는데 급료를 받을 수 없는 경우도 있었습니다. 기본적으로 우리에게는 권리가 없습니다. 언어 문제도 있고 현장에서 다반사로 일어나는 사고도 우리에겐 큰 장벽입니다."

한국도 일본의 경우와 거의 다르지 않았던 것 같다. 그의 말대로 이 나라에서도 외국인 노동자들은 오랫동안 인간 이하의 취급을 받아왔던 것이다. 저임금, 장시간 노동, 산업재해, 직장에 만연해 있는 인권 침해. 심지어는 성폭력에 노출되는 일까지.

그러던 중 외국인 노동자들은 자신들의 권리를 요구하며 들고 일어

한 실태조사 결과에 따르면 이주노동자의 하루 평균 근무 시간은 약 11시간이며 평균 급여는 109만원에 불과했다. 10시간 이상 근무를 하는 경우가 전체 응답자의 80.1퍼센트에 달했으며, 그중 절반 정도는 하루 12시간 근무한다고 답했다. 거의 대부분 최저임금에 기초한 잔업수당이나 야간근무수당을 제대로 지급받지 못하고 있다는 것이다.(외국인 이주 노동운동협의회와 이주인권연대 회원단체들, 그리고 서울 경기 인천지역 이주노동자노동조합 공동조사. 2008년 11월 16일~12월 7일.)

사진은 2007년 2월 11일 여수 외국인보호소 화재 참사로 죽은 10명의 이주노동자들을 추모하는 2주년 집회의 모습. 당시 사고를 입고 2007년 8월 재입국한

중국인 루보(46)씨는 치료를 받을 장소와 방법을 몰라 한달 넘게 쉼터 등을 전전했다. 법무부가 2007년 8월 중상자들과 양해각서를 체결해 치료에 대한 지원을 약속했지만, 취업이 불가능한 G1 비자를 내줘 치료차 한국에 오더라도 생계를 꾸릴 수 없었기 때문이다. 17명의 사고 생존자 중 2명은 사고 후유증이 생겼지만, 치료비를 마련할 방법이 없어 지난 1월 중국으로 돌아갔다.

났다. 계기는 '산업연수제도'를 대신한 '고용허가제'의 도입이었
다. 이는 한국에서 2004년 8월부터 시행하게 된 외국인 노동자 고
용 제도인데, 이 법안은 명목상 취지와는 달리 실제의 현실과도 맞
지 않을 뿐더러 무엇보다 이주 노동자들의 기본적인 권리가 지켜질
수 없는 제도라는 것이 문제였다.

이 제도가 도입되고, 그와 동시에 이미 한국에 있는 불법체류 노동
자들을 추방한다는 정부의 방침에 반대하여 전국에 흩어져 있던 외
국인 노동자들이 한곳에 모여들기 시작했다. 2003년 11월부터
2004년 12월까지 외국인 노동자들은 1년여에 걸쳐 한 차례의 무더
위와 두 번의 혹한을 견디며 명동성당에서 농성을 지속했다. 이는
불법체류 노동자의 '합법화'를 요구하는 투쟁이었다. 그리하여 그
투쟁의 결과로 '이주노동자 노동조합migrants' trade union'(migrant.
nodong.net/ver3/)이 결성되었다.

현재 조합원은 200여 명. 네팔, 방글라데시, 스리랑카, 필리핀, 인
도네시아, 베트남 등에서 온 노동자 등 조합원들의 구성은 다양하
다. 과거와 마찬가지로 그들의 직장은 자동차 공장이나 직물 공장,

외국인 산업연수생제도와 **고용 허가제 병행 추진 법률안**이 2003년 국회에서 통과되어
2004년 8월 17일부터 시행되게 되었다. 그러나 부실한 취업교육과 까다로운 사업장 변경
(이직) 절차로 외국인 노동자들의 불만을 사고 있다. 특히 체류 기간 3년 동안 3번만 사업장
변경을 할 수 있도록 규정되어 있어 부득이하게 사업장을 변경한 사람들은 강제출국 조치
를 당하거나 불법체류자로 전락하는 등 취업활동에 족쇄가 되고 있다는 지적이다.

가구 공장 등이다. 제조업 중에서도 특히 힘든 현장을 그들이 떠맡고 있는 것이다.

그들은 가난한 나라에서 온 이방인이라는 근본적인 한계에도 불구하고 투쟁의 과정에서 많은 권리를 쟁취해 왔다. 불법체류 상태에 있다는 이유로 여전히 최저임금 이하로 일하거나 산업재해가 일어나도 아무런 보상을 받지 못하는 등 항상 위험이 따라다녔지만, 때로는 재판에서 의미 있는 승리를 얻어내기도 했다. 비록 불법체류 노동자 신분이지만, 사실상의 취업노동자로 인정할 수밖에 없기 때문에 산업재해보험이나 최저임금제가 적용되어야 한다는 판결을 얻어낸 것이 바로 그것이다. 노동 현장에서 그러한 일들이 실제로 지켜지고 있는가 하는 것은 물론 다른 이야기지만, 그런 판결이 나왔다는 것은 외국인 노동자들에게 가혹한 한국이나 일본과 같은 나라의 현실에서는 그 의의가 큰 것이다.

A씨는 이주노동자 조합의 분회장과 지부장을 거쳐 지금은 네팔 공동체의 위원장. 이제 그는 이 일을 통해 새롭게 존재의 의미를 찾아가고 있는 중이다.

이주노동자 조합 간부들에 대한 거친 공세

이주노동자 노동조합에 대한 탄압은, 그러나 아주 극심하다. 한국 정부는 이런저런 트집을 잡으며 이주노동자의 노동조합을 조합으로 인정하려조차 하지 않는다. 조합으로 인정하는 조건으로 "모든 조합원의 주소를 적은 문서를 내라"는 요구까지 해온다. 불법으로 체류하고 있는 사람들이 그렇게 한다면 한 방에 끝장이니까.

조합 간부에 대한 강제 퇴거도 세 번이나 계속되었다. 한마디로 조합 간부가 되면 집중적인 단속 대상이 되어 결국 한국에서 추방되고 마는 것이다. 그러므로, 아이러니하게도, 지금도 이 조합의 위원장, 부위원장은 한국에 없다. 네팔과 방글라데시로 강제 송환되었기 때문이다. 이에 대해 아무리 정부에 항의해도 "일반적인 단속에 걸렸을 뿐이다"라며 시치미를 뗀다. 국가인권위원회가 이의를 받아들여 "명백한 인권 침해이기 때문에 조사가 끝날 때까지 추방하지 말라"는 의견을 정부에 제출했음에도 불구하고 추방되고 만 경우도 있다.

뿐만이 아니다. 한국인 노동조합 회원들이 실력으로 추방을 저지하려고 외국인 노동자들이 수용되어 있는 시설 앞까지 몰려간 적도 있지만, 뒤쪽 담에 구멍을 내 그곳에서 이주노동자들을 차에 싣고 공항으로 끌고 가는 수단까지 동원했다.

하지만 여기서 한 가지 간과해서는 안 될 사실이 있다. 그것은 외국인 노동자들 내부에도 다양한 '대립'이 놓여 있다는 사실이다. 내가 만난 한국인 자원 봉사자 여성은 이렇게 말한다.

"예를 들어 정부는 중국에서 온 조선족과 그 이외의 이주노동자를 제도적으로 차별하고 있습니다. 조선족은 동포라는 이유로 특별한 혜택이 있을 거라는 기대를 하게 함으로써 그 밖의 이주노동자가 조선족들과는 함께 할 수 없다고 생각하게 하는 등 대립을 조장합

니다. 사실 어느 쪽이나 놓여 있는 상황은 열악해서 큰 차이는 없는
데도 말이지요. 또한 한국인들에게는, 이주노동자를 테러나 범죄
이미지와 연결시켜 사회를 불안하게 하는 세력이라는 식의 관념을
유포하고 있습니다."

정규직과 비정규직이라는 조건의 차이만이 아니라 여기에도 허다
한 대립이 놓여 있는 것이다. 어쩌면 그중에서도 가장 쉽게 대립을
조장할 수 있는 방법은 "우리의 일자리를 빼앗는 외국인"이라고 하
는 선전일 터이다. 그러나 다행히도 한국에서는 그런 의식은 거의
없다고 한다. 일부 건설업에 종사하는 고령의 노동자들 사이에서는
그런 위기감이 일정 정도 있을지 몰라도 젊은이들 사이에서 그와
같은 편견은 거의 없다는 것이다.

서울 고등법원은 2007년 2월 이주 노동자 조합의 설치 공고에 대한 당국의 각하 결정을 취소
하라는 판결을 내렸으나 노동부는 이에 불복하여 대법원에 상고했다.
이주 노동자 조합 간부들에 대한 구속 사태와 강제 출국 조치에 항의하는 포스터가 법무부 표
지판에 붙여져 있다.

"애초에 젊은 사람들이 일하지 않으려는 기피업종에서 외국인 노동자들이 일하고 있기 때문에 그런 의미에서 일자리를 빼앗기고 있다는 의식은 별로 없다"는 것이 앞서 언급한 여성의 설명이다.

아마 이것이 아직까지는 한국과 일본의 차이다. 일본에서 나는 젊은이로부터 "일자리를 외국인에게 빼앗기고 있다"는 말을 가끔 듣고 있었다. 주로 외식업과 관련된 일자리를 빼앗기고 있다는 것이 그들의 이야기였다.

언제부턴가 일본의 젊은이와 아시아나 라틴아메리카 사람들이 뒤섞여 일하고 있는 노동 현장도 적지 않게 생겨났다. 이는 한때 일본의 젊은이가 기피하여 외국인 노동자가 담당하고 있던 현장에 국내의 빈곤층 젊은이가 역류하여 흘러 들어가는 상황이라고 할 수도 있다. 그리하여 일본에 있는 외국인 노동자들 사이에서 최근 "우리보다 낮은 시급으로 일하는 일본인"이 나타난 일이 화제가 되기도 했었다. 예컨대 일본에서 일하는 브라질 사람보다 낮은 시급으로 일하는 일본인 프리터라는 구도다.

그렇다고 하여 젊은이들의 '외국인 노동자화'가 아직 가시화되었다고는 말하기 힘들다. 다시 말해 외국인 노동자가 문제가 아니라 젊은 층의 빈곤화가 원인이라는 인식이 아직 미흡하다는 것이 문제인 것이다. 당사자가 사태의 본질을 잘 이해하고 있지 못하기 때문에 여전히 이주 노동자가 문제라는 감각에 머물러 있는 것일 뿐이다. 나의 이런 이야기에 한국인 자원 봉사자 여성은 "정말 시사적인 얘기네요"라며 미간에 주름살을 지었다. 젊은 워킹 푸어가 폭발적으

로 늘어나는 한국에서, 앞으로 이들 젊은 세대 사이에서 내셔널리
즘(혹은 인종주의)이 어떤 형태로 변해갈 것인지가 굉장히 중요한 문
제로 대두될 수도 있기 때문일 것이다.

한국에서 취재를 시작한 지 얼마 지나지 않아, 이주노동자들의 파
티가 열린다는 이야기를 듣고 다시 찾아갔다.
서울에서 열리는 이주노동자 영화제의 오프닝 파티였다. 회장에는
다양한 국적의 사람들이 무대에 나와 자기 나라의 노래를 부르고
춤을 추었다. 민속의상을 입고 국적만큼이나 다양한 솜씨들을 보여
주는 것이었다. 노래자랑처럼 분위기를 띄우는 행사에서부터 본격
적으로 소름이 돋게 만드는 아프리카 춤까지 차례로 펼쳐지면서 분

어느 별에서 왔니?
WE'RE FROM
THE SAME WORLD.

위기는 한껏 달아올랐다. 각국의 요리가 나오고, 앉을 자리가 없을 정도로 그곳은 정말이지 다양한 국적의 사람들로 붐볐다. 한 순간 내가 지금 어느 나라에 있는지 모를 정도로, 돌연 서울에 등장한 다국적 노동자들의 파티는 또 다른 이방인인 내게 어쩐지 '새로운 공동체'의 출현을 목격하고 있다는 느낌을 안겨 주었다.

한국판 니트, '백수'

한국에서 가장 많이 교류한 사람들은 아무래도 젊은이들이다. 이들은 대체 무슨 생각을 하며 살아가고 있을까? 불안의 시대를 살며 "살게 하라"고 절규하는 일본의 20대와 한국의 젊은 세대는 무엇이 같고 어떤 상황이 다른 것일까?

우연히 먼저 교류하게 된 것은 〈전국백수연대〉의 멤버들. 백수란 일본에서 말하는 니트와 비슷한 존재. 한자로 쓰면 '白手'. 일하면 손이 검게 되지만, 빈둥빈둥 놀고 있으면 손이 하얗게 된다고 해서 붙여진 이름이다.

그런 백수들이 〈전국백수연대〉라는 모임을 결성, 인터넷 공간에서 '백수회관'이라는 커뮤니티(cafe.daum.net/backsuhall)를 운영하며 젊은 층의 고민 상담 등의 일도 하고 있다. "무능한 대로 살아가는" 것을 테마로 한 일본의 〈다메렌〉 같은 조직. '탈력계脫力系'의 경향도 있는 이 운동(?)을 한국에서 시작한 것은 39세의 주덕한 씨. 온

몸에서 '분위기 메이커' 와 같은 느낌을 풍기고, 가방에는 언제든지 웃길 수 있도록 파란색 아프로 헤어 가발이 들어 있다는 남자. 일본에 있었다면 확실히 다메렌에 들어갔을 것 같은 사람이다.

그런 그가 '백수' 가 된 것은 1997년. '애틀랜타 올림픽을 보고 싶다' 는 이유만으로 일을 그만둔 것이 계기였다. 그때까지 포털사이트 회사에서 일했던 그가 백수가 되자마자 하숙집 사람도 이웃들도 단숨에 냉랭해 졌다. 특히 괴로운 것은 평일 낮의 슈퍼. 처음에는 "오늘은 쉬는 날인가" 하는 눈으로 보던 이웃들의 시선은 확실히 수상한 사람을 보는 눈으로 바뀌었다. 그런 생활을 시작한 그는 백수 생활에 대한 책을 출판한다. 경쟁사회에서 죽기 살기로 일하는 것이 아니라 "적게 벌고 적게 쓰는" 생활을 해도 좋지 않은가 라는 질문을 세상에 던진 것이다. 또 백수생활 가이드북 같은 책《백수도 프로라야 살아남는다》(인화, 1998)도 출판했다. 거기에는 실제로 백수로서 살아가기 위한 정보가 담겨 있다고 한다. 일본으로 말하자면 '니트의 프로' 가 니트 생활 매뉴얼을 해설하는 셈이다.

다메렌(だめ連) 페페 하세가와(ペペ長谷川)와 가미나가 고이치(神長恒一, 1967~)가 중심이 되어 만든 모임. 다른 사람들처럼 일할 수 없고, 가족을 가질 수도 없고, 이성과 연애도 할 수 없지만, 무능해도 밝게 살아가자는 취지에서 결성한 느긋한 성격의 조직.

탈력계 허술하게 보이면서, 왠지 모르게 재미가 있어 힘을 빼고 자기도 모르게 웃음 나는 것. '느긋하게 힘을 뺀' 캐릭터로 방송이나 드라마 등에서 '탈력계 코메디' '탈력계 캐릭터' 등으로 자주 인용된다.

출판 후에 '백수 모임은 없느냐'고 전국의 백수들로부터 반향이 있어 오프라인 모임을 갖게 되었다. 그리고 인터넷 공간에 '백수회관'도 만들었다. 지금까지 그들이 내세운 슬로건은 "용돈을 벌 수 있는 백수가 되자", "올해는 여자 친구를 만드는 해"…… 따위들이다. 한국의 젊은 세대 운동치고는 보기 드물게 힘이 빠진 모습이다.

그런 주 씨, 1998년에 처음으로 일본을 방문하여 〈다메렌〉과 교류했다. 계기는 우에노 지즈코上野千鶴子 씨와 함께 책을 낸 조한혜정 씨로부터 "일본에도 비슷한 모임이 있으니 가보는 게 어떨까"라는 권유를 받았던 것. "비행기 값 정도는 내 줄게요"라는 말을 들었기

1999년과 2000년에 출간된 책 《다메렌 선언だめ連 宣言!》(作品社)과 《だめ連の働かないで生きるには?!》(筑摩書房). (오른쪽 사진)다메렌은 물질보다 정신적으로 풍부하게 살자는, 일종의 무정부주의적 성격을 가진 사람들의 모임. '다메だめ'는 '고장난 것' '잘못된 것'이란 뜻인데, 자신들을 가리켜 사회에서 '다메'라고 부르는 데 대해 대응하기 위해 연대 네트워크를 만들고 나아갈 방향을 선언으로 정리하였다. 이들의 선언에는 기존의 결혼 및 가족관계, 그리고 경제성장 과정에서 강요당한 근면하게 노동하는 신민이데올로기에 포섭되지 않는 '자아를 가진 무정부적인 인간상'에 대한 모색이 거칠게나마 담겨 있다.

때문에 달랑 6만 원과 배낭에 김치만 넣고 일본으로 떠났다. 나리타공항에 내려서 신주쿠까지 간 시점에 지참금은 3만 원밖에 남지 않았고, 금세 수중에 있는 돈은 다 떨어졌지만, 무사히 〈다메렌〉 사람들과 만날 수는 있었다. 그리고 그 후 2주일 동안 일본에서 나름교류의 나날을 보냈다고 한다.(그런데, 귀국하는 비행기 값은 왕복표였을 테니까 안 든다고 해도, 그 동안의 생활비는 대체 어떻게 해결했을까 ⋯⋯?) 떠듬떠듬 영어나 필담으로 대화를 나누고 〈다메렌〉 근처에 사는 사람의 집에 신세 지던 나날. 그는 〈다메렌〉의 집합소 같은 장소였던 '아카네ぁかね'에 틀어박혀 지내며 홈리스들이나 무직자 등 많은 사람들과 만났다. 노숙을 지원하는 몇몇 사람들과 함께 당시까지는 아직 노숙자 텐트가 많았던 스미다가와隅田川 주변에도 가봤고, 요요기공원代々木公園에서는 실제로 노숙을 해보기도 했다. 그는 거기서 무엇을 보고 어떤 생각을 하게 되었을까?

아카네의 내부 풍경.

그는 2004년에도 일본을 방문하여 다양한 단체 사람들과 교류했다고 한다. 그리고 올해(2008년) 7월에는 G8 회의 기간 중에 일본을 방문하여 시부야渋谷에서 열린 반反G8 이벤트에 참가하기도 했다.

전국백수연대 회원들과 함께 한 필자.

빅맥Big Mac도 살 수 없는 시급時給

이러한 과정에서 주덕한 씨는 "일본에서도 한국에서도 실업이나 비정규직, 빈곤에 관한 상황은 같은 것"이라는 사실을 알게 되었다.

"예를 들어 '아카네'는 와세다대학 바로 앞에 있는데, 와세다대학을 나와도 정규직으로 일하는 사람은 그리 많지 않다고 했고, 대학을 나온 뒤에도 프리터로 생활하는 사람이 많다고 들었습니다. 게다가 한국보다 노숙자는 더 많은 것 같았습니다. 청년뿐만이 아니라 홈리스라든가 고령자 문제 같은 것들도 말이지요. 고령자에 대한 대책이 굉장히 안 좋다는 이야기, 또한 도쿄도東京都의 경우 텐트촌 같은 게 점차 철거되고 있다는 이야기도 그때 알게 된 사실이지요. 그런 정책들은 일본이나 한국이 그다지 다르지 않은 것 같았습니다."

일본과 공통점을 알게 된 이후 그는 '국제 연대의 필요성'을 느끼게
되었고, 내가 서울에 와서 참가한 한 교류 모임에도 참가해 주었다.

교류 모임이 이루어진 장소는 '실업극복 국민재단·함께 일하는 사
회' 빌딩. 우선 이 재단에서 일하는 김선영 씨가 재단에 대해 설명
해 주었다.

"한국에서는 1997년에 외환위기가 있었고, 그때 처음으로 본격적
인 대량실업 문제가 발생했습니다. 그때까지는 고도 경제성장기여
서 대량실업 문제까지는 생겨나지 않았거든요. 그러다가 10년 전
갑자기 실업문제가 발생한 것입니다. 그래서 긴급하게 실업자를 구
제하기 위한 모금운동을 벌여 1,100억 원 정도가 모였습니다. 그때
모금한 돈에서 이후 남은 돈으로 이 재단이 설립되었지요. 지금은
실업문제를 다루는 NGO에 대한 지원이나 사회적 기업을 활성화
하기 위한 활동을 하고 있습니다."

이 날의 참가자는 〈백수연대〉 회원만이 아니라 '한국고용정보원'이
라는 국가기구에서 일하는 여성, 재일 조선인 3세로 죽 일본에서
살았지만 몇 년 전에 한국으로 이주하여 강사를 하고 있는 여성 등
을 포함하여 대부분이 20대에서 30대 전반의 젊은이들이었다.

교류 모임에서는 숨김없이 서로의 나라 상황에 대해 이야기했다.
주 씨는 일본에서의 경험에 비추어 이렇게 말했다.
"제 인상으로는, 아르바이트를 찾는 것은 일본이 더 쉬운 것 같았습

일본 도쿄에 있는 스미다 천과 요요기 공원의 노숙자 텐트촌. 유명 관광코스이기도 한 이곳에 펼쳐진 홈리스들의 초라한 거처는 경제침체기 이후 심화된 격차 사회 일본의 단면을 보여준다.

요요기 공원에는 많았을 적에는 300여 개의 텐트가 있었다고 하는데, 사진에서 보듯이 텐트가 떠난 자리에는 번호가 매겨져 있고 다시는 누구도 그 자리에 들어가지 못하게 진입을 금지하고 있다. 정부 보조금을 받게 되어 텐트를 떠난 사람들도 다시 노숙을 하는 경우가 많은데, 보조금이 끊기면 반복되는 구조적인 가난에서 벗어날 수 없기 때문이다. 결국 그들은 시부야 246 국도변 다리 밑에 박스를 깐다.

니다. 한국에서는 프리터로서 살아가는 데 제한이 많거든요. 우선 나이를 먹으면 좀처럼 써주지 않습니다. 〈백수연대〉의 회원 중에도 스물대여섯 살에 아르바이트를 하려고 했는데 써주지 않아서 못한 사람이 있었어요. 편의점 같은 데도 가게 주인이 어리잖아요. 제도적으로 연령 제한이 있는 건 아니지만 잘 써주지 않거든요."

아울러 한국에서 프리터의 정의는 스물아홉까지(일본에서는 35세 미만까지), 스물아홉이 넘으면 국가의 지원은 받을 수 없다는 말도 덧붙여.

다른 여성 참가자도 이어 말을 보탠다.

"한국에서는 프리터로서 생활하는 것 자체가 무척 힘든 실정입니다. 일본에서는 한 시간 일하면 한 끼를 먹을 수 있는 돈을 받는다고 들었습니다만, 한국에서는 한 끼 먹을 수 있는 돈도 안 됩니다. 한 시간의 급료로는 맥도널드의 햄버거도 살 수 없거든요. 최저시급이 3,770원이고 빅맥 세트는 그보다 비싸니까요.(웃음)"

그 자리에는 직업훈련학교에서 IT 공부를 하고 있다는 젊은이도 있었다.

"장래에는 공부한 것을 살려서 일본에서 취직할 생각입니다. 지금 일본에서는 IT프로그래머가 부족하다는 말을 들었거든요. 하지만 그 직업훈련학교가 일본의 파견회사와 관계되어 있어서……"

IT프로그래머의 일자리가 너무 부족하다는 이야기일까. 게다가 학교에서 아무리 고도의 기술을 익힌다고 해도 결국 일본에서는 파견사원으로 쓰인다는 얘기일까.

"학교 측은 정규직이 될 수 있다고 말하지만 들려오는 이야기로는 아무도 정규직이 된 것 같지 않아서……. 그런 학교가 잔뜩 있거든요."

한국의 이런 영역에까지 일본의 파견회사가 진출해있다는 것은 나로서는 그날 처음 듣는 이야기였다.

Big Mac index
Under/over valuation of currencies against the dollar, July 2008, %

Norway
Sweden
Switzerland
Denmark
Euro area
Brazil
Hungary
Britain
Czech Republic
Turkey
Canada
New Zealand
Argentina
Poland
Australia
Mexico
South Korea
Chile
Singapore
UAE
Saudi Arabia
Japan
Russia
Taiwan
Egypt
South Africa
Indonesia
Thailand
China
Hong Kong
Malaysia

Sources: McDonald's; *The Economist*

영국 《이코노미스트》 지에 실린 '빅맥 지수'에 관한 사진 기사. 전 세계적으로 팔리고 있는 맥도날드 빅맥 가격을 비교해서 각국의 통화가치와 각국 통화의 실질 구매력을 평가하는 지수. 1986년부터 매년 발표하는 이 지수는 '버거노믹스'(햄버거 경제학)라고 불린다.

최저 시급 2008년 기준 환율을 1,469원 / 1달러($)와 1,542원 / 100엔(¥)으로 할 때, 최저 시급은 대체로 한국이 3,770원(2.56달러), 일본이 800엔(8.39달러), 미국이 7.5달러(캘리포니아의 경우 8달러)로 추산된다. 일본과 미국의 최저 시급은 지역마다 다르나, 평균치를 계산한 것이다.

취직할 수 없는 것은 '자기 책임'인 것일까?

일본과 한국의 상황은 비슷하지만, 그래도 한 가지 다른 것이 있다는 느낌을 받았다. 그것은 방금 전 인용한 이야기에서처럼, 한국에는 '해외 취업'이라는 선택지가 당연한 듯 존재한다는 것이다. 이날 모임 외에도 나는 몇 번인가 한국 젊은이들로부터 이와 관련된 질문을 받은 적이 있었다. "일본이 경제적으로 그렇게 어려운 상황이라면 해외에서 취직하려는 사람도 많지 않은가요?"라는 질문도 그 중 하나다. 그러나 일본에서는 아직 그런 종류의 이야기를 듣지는 못했다. 한국에서 해외 취업 이야기가 많이 나오는 데에는 필시 경제적인 이유 말고도 역사적, 문화적인 요인들도 작용할 터이다.

참가자 중에서 스물아홉 살 나이로 날품팔이 노동을 하는 젊은이가 말했다.

일본 역 구내에서 쉽게 찾아볼 수 있는 구인구직 정보잡지들. 이전만 하더라도 보통 2~3 종이었던 것이 5개로 늘었다. 잡지 내용도 정사원 모집과 아르바이트, 프리터 모집으로 세분화 되었다.
역 앞에서 티슈를 나눠주는 아르바이트는 말이 잘 안통해도 쉽게 구할 수 있는 아르바이트다. 보통 시급 750엔 선.
(왼쪽 사진) 잡화점인 〈100엔숍〉은 근무시간 08:00-21:00일 경우 시급이 950엔.

"공사 현장에서 굴착기를 운전하고 있습니다. 날품팔이라서 일이 있는 날만 일할 수 있습니다. 한국에서는 거창하게 '특수고용직 노동자'라고 불리기도 하지요. 일은 직업소개소에서 소개를 받고 있는데, 최근에는 파견회사가 많이 생겼습니다. 옛날에는 인력시장 같은 데로 갔는데 지금은 저도 파견회사에서 일을 찾는 경우가 잦습니다."

인력시장이 파견회사의 진출로 대체되고, 이러한 상황이 일반화 되어간다.(그것이 무엇을 의미하고, 어떤 결과를 낳고 있는 것인지에 대한 판단은 일단 접어두더라도.) 들으면 들을수록 현실은 일본과 너무 똑같다.

차별적 대우에 대한 이야기들도 나왔다.

"정규직과 비정규직이 같은 직장에서 일하는데 급료가 다르면 밥 먹는 장소도 달라집니다. 그런 현장에서는 비정규직 노동자가 자살한 사건도 있었습니다. 노동조합은 자신들의 기득권을 지키는 데 급급하고, 비정규직 사람들이 조합을 만드는 데 반대하는 일까지 있습니다. 결국 안정된 직장을 요구하는 의식이 사회적으로 굉장히 강해서 다들 공무원 시험으로 몰려가지요. 몇 년이 걸리더라도 공무원이 되기만 하면 잘릴 염려도 없고 생활은 쭉 보장되는 거니까요."

이런 사회적 흐름 속에서 젊은이들의 불만 역시 당연히 높아질 수밖에 없다.

"얼마 전에 일어난 아키하바라秋葉原 사건 소식을 접하면서도, 한국에서는 실제로 사건이라는 형태로 나타나지는 않았지만 이미 폭발

식권 색깔로 구분되는 정규직과 비정규직

서울 강남성모병원은 정규직과 비정규직의 식권을 구분해서 사용하게 하고 있다. 정규직은 주황색 식권을 식당에서 아무 때나 원하는 만큼 살 수 있지만, 비정규직은 노란색 식권을 한 달에 20장씩만 총무팀에서 살 수 있도록 한 것이다. 정규직과 비정규직은 식권 색깔에 맞춰 따로 줄을 서야 한다. 우리는 주황색 식권에 적힌 "즐거운 식사시간 되세요"라는 문구와, 노란색 식권에 경고문처럼 박힌 "타인 및 다른 용도로 사용불가"라는 문구를 보면서 말로 표현하기 힘든 비애감을 느끼게 된다. 회사는 왜 식권 색깔까지 구분하려 드는 것일까? "정규직과 비정규직은 다르다"는 자기 암시를 반복하도록 강요하는 이 지나친 저비용/고효율의 훈육방식은 실로 참기 힘든 인간에 대한 무례가 아닐 수 없다. 이것은 강남성모병원에서 간호보조업무를 하던 노동자들이 해고되어 100일 넘게 싸우고 있는 사태의 중요한 계기가 되었을 수도 있다.

통근버스 좌석 지정제 시행 안내

2008년 12월 18일(목)부터 통근버스 좌석 지정제(■■=조선 정규직원과 협력업체 직원 좌석 구분)를 아래와 같이 시행하오니 숙지하여 통근버스 좌석 이용시 차질 없도록 해주시기 바랍니다.

- 아 래 -

■ ■ 조선 정규직원 통근버스 좌석 위치 : 1번 ~ 23번
협력업체 직원 통근버스 좌석 위치 : 24번 ~ 45번

총 무 부 장

통근버스 좌석으로 구분되는 정규직과 비정규직

부산의 한 조선업체는 통근버스 좌석을 정규직과 비정규직이 구분해서 이용하도록 하는 '좌석 지정제'를 실시했다. 정규직은 통근버스의 1~23번 자리에, 비정규직은 24~45번 자리에만 앉을 수 있도록 한 것이다. 이 회사는 비정규직이 정규직보다 3배나 많다고 한다. 그러다보니 통근버스를 타도 정규직이 자리에 앉기 힘들어졌고, 결국 좌석 지정제라는 새로운 차별이 생겨나게 된 배경이 된다. 이 회사 총무부 관계자는 "직원들이 '우리 버스인데 못 앉는다'는 불만을 가질 수 있지 않으냐"고 말했다. '우리 버스'라는 생각, '우리=정규직'이라는 생각이 실로 무섭게 느껴지는 대목이다. 통근버스의 수를 늘려 모든 사람들이 앉을 수 있도록 해야 함에도 불구하고, 비정규직들에게 책임을 전가하며 좌석 지정제라는 어처구니없는 발상을 현실로 실천하는 회사 측의 태도는 쉽게 용납하기는 어려울 것이다.

직전까지 간 게 아닐까 하는 생각을 하게 됩니다. 실제로 〈백수연대
〉 회원 중에는 자살한 사람도 있고, 사회적으로 아직 문제화되지 않
았지만 알코올 중독이나 게임 중독에 빠진 사람도 적지 않습니다.
얼마 전 공인중개사 시험공부를 하고 있는 회원과 채팅을 했는데
죽고 싶다는 말을 하더군요. 공부가 잘 안 된다면서요. 취업 문제로
집에서도 시달리고, '왜 이런 걸 하지 않으면 안 되는지' 하는 생각
에 굉장히 스트레스가 쌓였나 보더라고요."

그 말을 뒷받침하듯이 한국에서도 일본과 마찬가지로 20대 사인死
因 중 1위가 자살이라고 한다. 일본에서도 2002년 이래 20대, 30대
의 사인 1위는 줄곧 자살이다.

모든 참가자들의 입에서는 차례로 다양한 불만이 터져 나온다.
"친구가 회계 담당 일을 하고 있는데 최근에 그 부서 자체가 아웃소
싱으로 없어져서 잘렸어요."
"정규직이었던 사람이 갈수록 빠른 속도로 비정규직으로 바뀌고 있
어요."

그중에서도 힘든 것으로 친다면, 일본과 마찬가지로 학력이 고졸,
중졸인 사람들이다.
"고졸이 일하던 곳에 대졸이나 대학원을 나온 사람까지 응모하거든
요. 그러니 회사로서는 군이 같은 임금에 고졸자를 채용할 필요가
없는 거지요. 갈수록 고졸자들은 직업 선택의 폭이 한없이 좁아지
고 있어요."

대학 진학률이 80퍼센트를 넘는 한국에서 아무리 대학을 나와도 정규직 일자리조차 없는 현 상황. 그러나 여기서 그냥 지나쳐서는 안 되는 문제는, 이것이 여전히 '개인의 문제'로 생각되어지고, 또한 그런 인식이 조장되고 있다는 점이다. 빈곤이나 실업 문제 등이 사회적이고 구조적인 문제라는 이해가 희박해지고, 사회 구성원들 대부분이, 심지어는 당사자조차도 이러한 문제들을 '자기책임'이라고 생각하고 있다는 사실.

"결국 세계적으로 신자유주의 체제가 강화되는 현실 속에서 '자기계발'이 강요되고, 그런 분위기 속에서 자신의 사회적 용도와 자격을 입증하기 위해 공부하지 않았으니까 안 되는 거다, 이런 심리적 경향이 더불어 강화되어버리는 것이지요."

"유럽 같은 데서는 젊은이들이 빈곤과 양극화의 문제를 사회 문제로 날카롭게 제기하거나 구체적인 요구로 제시하는데 왜 일본이나 한국은 이것들을 자기 탓, 자기책임의 문제라고 생각해버리는 걸까요?"
　《88만원세대》 등의 책이 나온 뒤로 청년층의 가난이 개인의 문제가 아니라 사회 문제라고 인식되기는 하지만, 그래도 젊은이들은 특유의 냉소적인 성향 때문이랄까 여전히 대부분 자기 탓으로 간주하는 상황이지요. 게다가 심각한 것은 서로 믿을 수가 없다는 겁니다. 경쟁사회의 원리를 가장 무비판적으로 받아들이고 있는 셈이지요."

"일본의 20대는 그런 상황에 대해 참을 수밖에 없는 거라고 생각하

범람하는 자기계발과 처세술 관련서적들

자살과 우울증 급증 현상과 자기계발 열풍은 동전의 양면을 이루는 현실이다. 사회적 낙오자나 무능력자로 낙인 찍힐지 모른다는 공포감은 자기계발에 대한 엄청난 강박으로 작동할 것이기 때문이다. 그런데 이러한 강박을 겨냥하여 무수히 쏟아져 나온 책들 가운데는, 심지어 어린이 자기계발이나 처세술 서적들이 상당수 포함되어 있다. 2008년 3월 21일 국내 한 일간지의 조사에 의하면, 그 무렵 교보문고 어린이 분야 베스트셀러의 상위 10위는 자기계발과 처세술 관련 책들이 휩쓸었다고 한다. 다른 한 대형 서점의 경우는 '어린이 처세' 라는 특설코너를 따로 마련해 두기도 했다는 것. 이처럼 서점가에는 《어린이를 위한 이기는 습관》, 《유머가 뛰어난 어린이가 성공한다》같은 제목의 책 외에도 '어린이 CEO', '어린이 재테크' 라는 용어가 붙은 책들이 말 그대로 유행처럼 쏟아져 나왔는데, 그 중 《리더를 꿈꾸는 초등학생이 꼭 알아야 할 101가지》란 책에는 "힘들더라도 겉과 속이 달라야 한다"라거나 "기상 캐스터처럼 밝고 명랑하게 얘기해야 한다"고 충고하는 내용이 나오는가 하면, 《소녀들이 꼭 해야 할 자기계발 77가지》란 책은 종아리 스트레칭으로 미모 관리하는 법 등의 내용이 담겨 있다.

자기책임 빈곤이나 일자리 문제가 사회구조에서 비롯되는 것이 아니라 개인의 능력과 책임에 달려 있다고 하는 언설의 배후에는 '무능력 담론' 이 도사리고 있다. 이는 비주류, 실업자, 백수, 부랑자들, 주변부 청소년들에 대한 근대 자본주의의 전통적인 훈육전략이다. 그리하여 산업사회에 자격 있는 구성원으로 편입되었다고 믿는 사람들은 사회적 무능력자들에 대해 혐오와 짜증, 심지어는 분노를 표출하는데, 이것은 노동하는 주체로서의 자기 정체성을 유지하기 위해 뿜어내는 방어적 편집증에 다름 아니다. 한편 이러한 훈육 자본주의를 지나 탈근대 자본주의에 이르면 특정 계층의 사람들이 아닌 사회 구성원 전체가 이 '무능력 담론' 을 내면화하기 시작한다. 언제라도 추락할 수 있다는 공포 앞에서 사람들은 끊임없는(계속적인) '능력화' 를 요구받게 된다. 창의성, '아침형 인간' 이 권장되고 사회는 온통 자기계발 열풍에 휩싸일 수밖에 없다.

지난 2006년 3월 프랑스 학생들이 스트라스부르에서 비정규직 관련 법안인 '최초고용계약법 (CPE)'에 반대하는 시위를 벌이고 있다. 이 법안은 사용자가 만 26세 미만의 노동자를 고용하면 첫 2년 동안은 자유롭게 해고할 수 있도록 허용하는 것을 내용으로 하는 법안이었는데, 당시 이 법안에 반대하여 거리에 나온 시위자는 300만 명이 넘은 것으로 추산됐다. 이와 같은 시위는 북유럽 국가들의 경우 '일자리는 사회가 책임져야 한다'는 의식과 '실업은 국가적 책임'이라는 사회적 인식이 오랫 동안 자리 잡아 왔기 때문에 가능했던 것이다. 이 시위 과정에서 쏟아져 나온 말 가운데는 다음과 같은 날카로운 항변도 있었다. "처음에는 쓰고 버릴 수 있는 손수건이 있었다. 지금은 쓰고 버릴 수 있는 청년들이 있다."

미국에서 열린 메이데이 행사에 참가한 한 여성이 피켓을 목에 걸고 있다. "I Hate Jobs"라는 피켓의 문구는 일자리에 대한 절망을 넘어 '노동 중독 사회'를 거부하려는 적극적 표현으로 읽힌다.

나는 그들에게 내가 아는 일본의 현 상황을 전했다. 한국과 같이 일본에서도 사회적으로 '자기책임'이라는 말이 폭넓게 확산되어가고 있다는 것. 그것은 젊은 세대인 당사자들도 마찬가지라는 것. 그러나 한편으로는 바로 이 당사자들에 의해 '노동/생존운동'이 시작

2008년 6월 쇼핑객이나 관광객으로 몹시 붐비던 도쿄 아키하바라에서 무차별 살상사건이 발생하여 7명이 죽고 10명이 부상당했다. 현행범으로 체포된 스물다섯 살 가량의 남성이 불안정한 파견노동자였던 점, 모바일넷 게시판에 범행 직전까지 범행을 예고하는 글 등을 쓰고 있었다는 사실들로 인해 일본 사회에 커다란 파문을 던졌다. 한국에서도 2008년 10월 서울시 강남구의 한 고시원에서 31세의 무직 남성이 방화 살인사건을 저질러 6명이 사망한 사건이 발생했다.

되고 있다는 것. 가난의 문제가 구조의 문제라는 것을 인식하면서 목소리를 높이는 젊은이나 불안정한 층(이라고 스스로를 정의하는 사람들)이 조금씩이나마 늘어나고 있다는 것. 이날 모임에 참석했던 한국의 젊은이들은 흥미진진하게 나의 이런 이야기를 들어주었다. 그리하여 우리는 하나의 사실을 확인하였다. 그것은 "근본적인 사회 시스템이 변하지 않는 한 가난, 혹은 노동과 생존의 문제는 해결되지 않는다"는 것. 그리고 이러한 인식의 바탕 위에서 각각의 입장에서 할 수 있는 일을 해나가자는 결론에 도달했다.

학생운동을 할 '돈도 여유도 없는' 젊은이들

이런 버거운 현실 속에서도, 한국에서 비정규직 고용, 워킹 푸어 문제 등 20대들이 당면하고 있는 현실적 문제들과 씨름하는 당사자 그룹이 있었다. 바로 〈희망청www.hopenetwork. kr〉이다. 청년실업 문제를 해결하기 위해 이들은 '88만원 세대'에서 이름을 따온 '88무브먼트movement'를 전개하면서, 그리고 사회적 기업에 적극 연계하고 참여하는 활동을 통해 실업 문제 해결에 몰두하고 있다. 〈희망청〉은 2008년 4월 9일 총선거 전 청년 문제나 실업 문제를 주제로 이벤트를 여는 것과 더불어 "20대가 열쇠다"라는 현수막을 가지고 퍼포먼스도 했다.

이런 〈희망청〉의 젊은이들. 기쁘게도 이들은 한국어로 번역되지도 않은 나의 책《살게 하라! 난민화하는 젊은이들生きさせろ! 難民化する若者たち》을 읽어 주었고, 서로 만나고 싶다는 희망이 실현되어 귀국 전날 함께 교류 모임을 가졌다. 참가한 사람은 10여 명 정도로 거의 전원이 20대. 이때도 우리는 역시 '출구 없는 상황'에 대해 서로 이야기를 나누었다

"최근 10년 정도 청년층의 실업 문제가 사회적인 관심을 모으고 있는데, 상황은 점점 나빠지고 있습니다. 한국에서는 원래 학생운동이 활성화되어 학생들이 정치적인 운동을 해왔습니다만 최근에는 학생운동 자체가 쇠퇴하고 있어요. 과거처럼 운동이 활성화되지

않는 것은 학생들이 생활에 여유가 없기 때문이 아닐까 싶습니다. 생활비를 버는 데 필사적이고 실업률도 높기 때문에 여유가 없어 운동조차 할 수 없는 거지요. 생활비 때문에 아르바이트에 쫓기고 있는 것이 현실입니다."

그런 상황에서 기업 측은 경력이 있는 젊은이를 요구한다.

"경력을 쌓기 위한 돈도 시간도 없어요."

"대학 진학률은 84퍼센트인데 졸업해도 취직을 못하고, 공무원 시험을 준비한다거나 그런 길밖에 없어요. 대학 등록금이 1년에 1,000만 원 정도인데 대출을 받는 학생도 많아요. 그렇게 되니까 성매매 같은 불법적인 아르바이트를 하는 경우도 생기는 거지요. 혹은 휴학을 하고 아르바이트를 하면서 생활한다든가 그렇게 되어 버리는 거예요."

"최근에 일본의 '2채널' www.2ch.net 같은 한국 사이트에 자신의 오빠가 7년 정도 공무원 시험을 보고 있는데 한심해서 미치겠다는 글이 올라왔습니다. 그 반응을 보면 60퍼센트 정도가 '오빠를 이해해 달

필자의 책들. 《살게 하라! 난민화하는 젊은이들》(2007)과 《살기 위하여 반격하라!》(筑摩書房, 2009).

라'는 것이었습니다. 표면으로는 나타나지 않았습니다만, 다들 상
당한 불만이 쌓여 있는 거지요."

이렇게 몇 년씩 계속해서 공무원 시험 공부만을 하고 있는 20대가
있다는 것인데, 그 기간이 길어질수록 좀처럼 그냥 물러설 수 없게
되는 상황이 되어버린다.

"공무원 시험 준비를 7년 한다고 해서 합격한다는 보장이 없습니
다. 그들은 관련 법 공부는 하지만 일반 기업이 요구하는 지식은
전혀 공부하지 않기 때문에 도중에 그냥 일반 직장에 취직할 수도
없는 거지요. 그리고 돈도 상당히 듭니다. 일하지 않고 공부만 하
니까요. 젊은 사람에게 왜 공무원이 되고 싶은지를 물으면 대체로
똑같은 대답을 듣게 될 겁니다. 자신이 되고 싶어서라기보다는 세
상이 불안하니까 부모님이 공무원이 되라고 권하기 때문이라는 거
지요. 어쨌든 심리적 중압감은 상상할 수 없을 만큼 크다고 할 수
있습니다."

2채널2ちゃんねる은 일본의 익명 게시판
커뮤니티 웹사이트이다. 1999년 니시무
라 히로유키西村博之가 개설한 게시판을
전신으로 발전하여, 니시무라와 자원봉사
자로 구성되는 운영진에 의해 관리되고
있다. 한 남자가 이 사이트 게시판에 게재
한, 연애에 관해 조언을 구하는 글을 바탕
으로 쓴 《전차남》이라는 소설이 선풍적
인기를 끌면서 일약 관심을 모은 바 있다.

지금으로서는 대부분의 20대가 부모와 함께 살고 있기 때문에 '젊은이의 홈리스화' 같은 현상은 아직 보이지 않는다고 했다. 그러나 '막다른 곳에 몰렸다는 의식'은 상당할 것이다. 최근에 희망청에 참가했다는 한 여성은 이렇게 말했다.

"지금의 20대는 체념하고 있습니다. 자신의 꿈이 무엇인가를 돌아보기에 앞서, 좀 더 안정된 직장이라든가 취직이라든가 그런 것이 우선일 수밖에 없기 때문에 중류층 아이들은 부모한테 용돈을 받아가면서까지 취직 활동을 하는 수밖에 없는 거지요."

희망청의 모집공고 포스터와 하자센터haja.net가 설립한 청년 사회적 기업 노리단noridan.haja.net이 벌이고 있는 기획공연 현장 모습들.

희망청은 워킹 푸어 문제를 사회적 기업의 확산이나 사회적 일자리 만들기로 해결할 수는 없을까 고민하면서 시행착오를 거듭하고 있다고 했다. 2007년 무렵부터 한국에서는 실업대책의 하나로 '사회적 기업의 활성화'가 이야기되기 시작했다. 사회적 기업이란 기업과 시민단체의 중간 형태로, 이윤을 추구하는 것이 아니라 사회 공헌을 위해 생겨난 것이다.

"적극적으로 20대가 들어가서 제대로 된 사회적 기업을 만들 수 있게 하자는 게 저희들 생각입니다. 그 안에서 20대가 현장에서 일을 체험하고 사회적 평가를 실감하는 거지요. 그런 장을 만들어가고 싶습니다."

구체적인 사업으로는 도쿄의 사회적 기업과 연대하여 인턴십 제도를 도입하고 있다고 했다. 지금 현재 도쿄에서 3명이 서울에 와 있고 서울에서 도쿄로 3명이 파견되어 있는 것을 그 출발로 볼 수도 있을 것이다.

이날 교류 모임에서는 그들이 만든 20대 문제에 관한 영상을 보여주었다.

'탈정치', '공무원 시험', '불안' 등의 단어들이 화면에 떠오른다. 그와 함께 차례로 젊은이가 화면에 등장하여 한마디씩 코멘트 한다. "왜 우리 인생은 이렇게 힘겨운가?" "어떻게 하면 살아남을 수 있을까를 생각한다." "밤을 새며 자격시험을 준비하는데도."

1991년 영국에서 처음 설립된 〈빅이슈〉라는 사회적 기업은 런던 지하철에 넘쳐나는 노숙인 문제를 해결해 볼 목적으로 창업되었다. 월간지 《빅이슈the Big Issue》를 발간한 이들은 판매 권한을 노숙자만 가질 수 있도록 제한했다. 권당 판매가 1.50파운드짜리 잡지를 7.0펜스에 공급, 노숙인들이 잡지를 한 권 팔 때마다 8.0펜스를 벌도록 가격을 정했다. 아울러 노숙인 중 일부를 본부에 취업시켜 잡지 편집이나 취재 활동을 맡기기도 하고, 다른 노숙인들에게는 기본적인 취업 교육 및 정보·기술(IT) 교육을 제공했다. 이 같은 방식으로 5,000여명의 노숙인들이 〈빅이슈〉를 거쳐 자활에 성공했다. 일본의 한 《빅이슈》 판매원이 도쿄 미타카 지하철 역사에서 행인에게 잡지를 판매하고 있다.

"기상시간은 정해져 있다.
밤은 깊어 가는데 기상시간은 정해져있다.
잠은 오질 않는데 기상시간은 정해져있다.
새벽이 밝아오는데 기상시간은 정해져있다.
내일로 가는 마지막 기차를 놓칠 것만 같아요.
조급한 마음에 심장은 두근거리네.
(중략) 아무리 슬퍼도 아무리 아파도
조급한 마음에 심장은 두근거리네.
일곱 시가 되면 난 일어나야 돼.
늦어도 일곱 시 반까지."

장기하, 목말라, 이기타 세 명으로 구성된 포크락 밴드 〈청년실업〉의 음반. 스스로를 '일시적 프로젝트 그룹' 이라 이름 붙인 이들의 음반 타이틀곡 "기상시간은 정해져 있다"는 이 시대 20대들의 고달픈 삶의 정서를 잘 반영해 주고 있다.

청년 빈곤에 관한 보고서의 성격을 담은 독립 영화 〈마이 제너레이션〉 포스터. "행복은 자꾸만 비싸지는데, 우리는 꿈을 살 수 있을까?' 포스터에 적힌 불안에 가득 찬 이 물음에 대해, 이 책의 공저자인 우석훈은 다음과 같은 우울한 진단을 내린 적이 있다. "신용불량자 1,000만, 비정규직 1,000만, 이게 2009년 한국에서 실제로 발생할 가능성이 높은 '신빈곤 폭발현상' 이라고 할 수 있다. '워킹 푸어' 단계를 거쳐, 저신용 상태인 '크레딧 푸어' 상태로 나아가고, 여기에 병원에도 제대로 못 가는 '헬스 푸어' 를 거치면, 한국에서는 경제 활동 인구의 1/3 정도가 도저히 헤어 나올 수 없는 신빈곤의 늪으로 빠지게 되는 것이다."

이런 코멘트 중에는 명랑한 목소리들도 있었다. "하고 싶은 일을 하자." "예술을 해도 굶어 죽는 일은 없다!"라고 말하는 젊은이들……

이 영상을 보면서 나는 가벼운 기시감旣視感에 휩싸였다. 그 모습은 다름 아닌 1990년대 일본 젊은이들의 모습과 너무나 닮아 있었기 때문이다. '취직 빙하기'라 불리던 그 시대, 공교롭게도 하루아침에 '모라토리엄'을 강요받은 일본의 젊은이들 대부분은 프리터가 되어 '일'을 찾기 시작했다. 그중에는 정말 '하고 싶은 일'이 있는 사람도 있었고, '취직할 수 없는' 사정 때문에 갑자기 주어진 '유예' 속에서 부랴부랴 해야 할 일을 찾기 시작한 사람도 있었다. 그렇게 해서 하고 싶은 일을 한다고 생각하거나, 또는 찾으면서 아르바이트를 하며 '꿈을 꾸는', 그러나 정작 '쓰고 버리는 노동력' 등으로 불리던 그들의 일부는 그로부터 10년 후 노숙자가 되어 있었다.

그러한 사실들을 기억하는 나에게는, 이날 화면 속에서 "하고 싶은 일을 하자!"라고 억지로 허세를 부리는 듯한, 또는 마치 '자유'를 구가하는 것처럼 보이는 그 말들이 오히려 슬픈 느낌으로 다가왔

'캠퍼스 모라토리엄(No Graduation, 이니셜로 NG)'은 졸업유예를 표현하는 용어인데, 이는 마치 대학 예비졸업생들의 통과의례처럼 되어 있는 실정이다. 지난 2006년 언제부터인가 신생어로 떠오른 NG족은 한층 심각해져 가는 글로벌 경제위기 한파로 오늘날 청년 실업의 심각성을 단적으로 표현해 주는 말로 정착해 가고 있다.

다. 그것은 혹시, 이러한 표현이 용납된다면, 10년 후 노숙자가 되는 젊은 세대의 운명에 대한 불길한 암시는 아닐까?

1990년대의 일본은 '다메렌'이 유행한 시대이기도 했다. 무능을 받아들이고 더 이상 악화되지 않도록 하는 공동체. 그것은 힘겨운 현실에 시달리는 젊은이들을 친절하게 감싸주는 장소이기도 했다. 일하지 않아도, 일할 수 없어도, 무능해도 괜찮지 않느냐는……. 그것으로 결코 충분할 수 없는 것이지만.

고용 파괴가 일본보다 더한 속도로 진행되는 한국. 1990년대의 '강제된 모라토리엄'과 10년이 지난 2000년대의 일본. 젊은이가 노숙자가 되고 있는 일본의 현실에서 그것들이 젊은이들의 마음이나 삶 자체에 미치는 영향은 실로 지대하다.

도쿄 시부야의 한 공원 구석에 앉아 있는 일본의 10대들. 이들은 자신들의 내일을 어떻게 그리고 있을까? 의식적으로 '로리타olita 패션'을 하고 시위현장을 누비는 필자가 대변하고자 하는 것은 일본 젊은 세대의 공허와 방황, 고통일 것이다.

상황은 결코 만만치 않지만 나는 이날 만난 참가자들에게, 일본과
한국이 연대하여 수많은 이 시대 젊은이들과 더불어 '생존' 운동을
확대해 나가자고 제안했다. 시간이 흐를수록 두 나라의 상황은 더
욱 닮아가게 될 테니까.

어쩌면 내년에는 한국에서도 인디(독립) 메이데이가 개최될지도 모
른다. 서로 다른 상황에서 각기 조금씩 앞서 가는 부분이 있기 때문
에 우리는 '생존'의 노하우를 교환할 수 있을 것이므로.
수많은 젊은이들과 교류하며 갈수록 그런 생각은 굳어져 갔다.

지난 해(2008년) 일본 도쿄에서 개최된 인디 메이데이(일명 '자유와 생존의 메이데
이') 포스터. 일본에서는 '렌고'(일본노동조합총연합회의 약칭 '連合'의 일본식 발음)
등 대형노조 중심의 기존 메이데이와는 다른 또 하나의 메이데이가 주목을 받고
있다. 파견사원 등 비정규직 노동자, 프리터, 노숙자 등이 중심이 되어 참여하는
'인디 메이데이'(독립 노동절)가 그것이다. 인디 메이데이 행사는 2005년 청년 비
정규노동조합을 중심으로 한 '프리터 전반노조'가 '자유와 생존의 메이데이'라
는 슬로건을 내걸고 깃발을 올린 이후 5년째를 맞는다. 비정규직, 프리터, 홈리
스 등 구성이 다양한 만큼이나 여러 형식의 행사들이 각지에서 벌어진다. 1920
년 이후 해마다 5월 1일 열려온 기존 행사가 노조 가입율 하락과 참여자 저조로
이름뿐인 행사라는 지적을 받는 것과는 대조적이다. 이 인디 메이데이는 기존의
메이데이 행사와 진행 방식도 많이 다르다. 트럭 위에서 디제이가 음악을 틀어주
고 춤을 추는가 하면, "빈곤은 자기 책임이 아니다" "집세를 내려라" 등 구호도
다양하다. 아마미야 카린에 의하면 이 운동의 핵심은 '재미'이다. 잃어버린 삶의
신명을 찾는 것이 운동의 과정이자 목적이 되어야 한다고 믿기 때문이다.

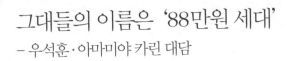

CHAPTER 02

그대들의 이름은 '88만원 세대'

– 우석훈·아마미야 카린 대담

가혹한 상황에 처해 있는 한국의 젊은 세대들. 그들이 처한 삶의 조건과 당면한 문제의 본질을 밝혀낸 책이 출간되자마자 곧바로 베스트셀러가 되었다. 그러나 그것은 단지 한 권의 베스트셀러가 출현한 것으로 의미가 한정되는 것이 아니었다. 그 책의 이름은 단번에 한국에서 젊은 세대가 스스로를 명명하는 이름이 되어버렸다. 마치 헤밍웨이의 소설에 등장하는 단어 하나가 그 시대 젊은이들의 이름이 되었던 것처럼.

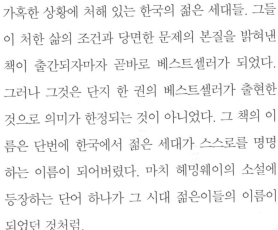

《88만원세대》—2007년에 나온 이 책을 집필하기 이전부터 한국 사회에 대한 비판적 글쓰기를 열정적으로 전개해온 경제학자 우석훈 씨. 나는 서울 방문 이전부터 한국과 일본 두 나라 젊은 세대 당사자 운동

의 연대에 대해 그와 함께 고민하고 방향을 모색해 보고 싶었다. 서울시 영등포구에 있는 인터넷신문 《레디앙 (www.redian.org)》사무실에서 나는 그와 대화할 수 있었다.

아미미야   저는 2007년 《살게 하라! 난민화하는 젊은이들》이라는 르포집을 출간한 바 있습니다. 그것은 일본 젊은이들이 처한 상황, 예컨대 워킹 푸어나 홈리스, 집을 잃어버린 채 넷카페에서 기식寄食하며 살아가는 프리터의 처지 등에 대해 보고한 책입니다. 일본에서는 취직빙하기라 불리는 10년 동안 사회에 나온 25세에서 35세까지의 젊은이를 '로스트 제너레이션' 이라고 부르고 있습니다만, 한국에서는 '88만원 세대' 라는 말이 주목을 받고 있는 것 같습니다. 먼저 이 말에 대한 설명부터 해주셨으면 합니다.

2007년 출간된 《88만원 세대》(레디앙). 이 책은 올해(2009년) 1월 일본에서 번역 출간되었는데, 아마미야 카린이 추천사를 썼다.

우석훈 한국에서 비정규직이 특히 두드러지게 된 것은 김대중 정권 후기 이후 최근 5년 정도입니다. 지금은 OECD 국가들 중에서 비정규직 비율이 가장 높습니다. 그 영향은 모든 세대에서 같은 정도로 받는 것이 아니라 특히 20대의 젊은이들, 그리고 50대의 여성들에게 집중되고 있습니다.

우석훈

먼저 저는 20대의 평균 소득을 계산해 보았습니다. 대학생이나 군인도 있어서(한국은 징병제이기 때문에) 통계로 산출한다는 건 물론 쉽지 않은 일이었습니다. 하지만 비정규직의 평균 소득이 월급으로 119만 원 정도이고, 20대의 평균 소득이 위 세대의 대략 73퍼센트라는 데서 '88만원'이라는 숫자가 나왔습니다. 20대에 취직해 있는 사람, 그중의 90퍼센트 정도가 비정규직인데, 그 젊은이들의 평균적인 수입이 88만원이라서 '88만원 세대'라고 명명한 것입니다.

20대의 감각으로는 단결할 수 없다

아마미야 독자들의 반응이 궁금한데, 특히 20대들은 어떤 반향을 나타냈습니까?

우석훈 작년 대통령 선거 무렵에 책이 출판되었는데, 이명박 외 다른 대통령 후보들은 모두 '88만원 세대' 문제에 대해 한 번씩은 언

급했습니다. 민주노동당, 진보신당 등은 이 문제를 다루는 위원회
도 만들었기 때문에 정치문제화하는 데는 어느 정도 성공했다고 할
수 있습니다. 다만 당사자인 20대들은 회의적인 반응이 강했습니
다. 제가 이 책에서 젊은이들끼리의 연대 필요성을 주장했지만, 20
대의 감각으로는 단결할 수 없다는 느낌입니다. 그저 '88만원 세대
영화제'가 기획되었다거나, 젊은 만화가들이 '만화 88만원 세대'
를 준비하고 있다고 들었습니다. 지금은 문화의 문제로 옮아가고
있다고 할 수 있는 것 같습니다. 경제와 관련된 곳에서도 논의가 있
는 모양인데 지금으로서는 아직 뚜렷하게 표면된 말이나 움직임
은 없습니다.

2008년 처음으로 개최된 '젊은 영화제'. 20대 자신들이 만든 영화 〈기차를 세워주세요〉, 〈적
응〉, 〈무직의 무지개〉 등의 영화를 상영.

아마미야 일본의 경우에도 상황은 마찬가지입니다. 20대는 고립화, 파편화가 특징인데, 온라인 커뮤니케이션이란 것이 활발하다고는 하나 이 자체가 실감 있는 연대의 움직임은 아닌 것이지요. 구체적으로 어떤 형태의 연대를 제시하셨나요?

우석훈 20대와 개별적으로 만나면 "죽을 것 같다"는 말이 나옵니다만, 정책 조사를 하면 "열심히 공부하면 취직할 수 있겠지요" 하는 이야기가 되어버립니다. 또 지금의 상황은 자본주의의 한계에서 기인하는 문제이지만 제대로 된 직장을 만들면 그걸로 된다는 이야기로 회수되어버리기 십상입니다. 5퍼센트만 들어가는 바늘구멍이 여전히 자신들이 선택할 수 있는 유일한 현실적 길이라 믿고 있는 거지요.

다른 한편, 정부의 정책적인 예산 배분을 놓고 보더라도 고령자에게는 복지정책 등으로, 여성들의 운동도 힘을 갖고 있어서 그 나름대로, 그리고 장애가 있는 사람에게도 조금씩 돈이 돌아가기 시작합니다. 그러나 20대에 대해서는, 그들이 정책적인 조치에 익숙지 않다는 사정도 있습니다만, 아무것도 없습니다. 그래서 20대 당사자들이 자신들이 선 위치에서 모두 적극적으로 목소리를 높여가는 것이 중요하다고 주장했던 것입니다. 그러나 가만히 있기 때문에 아무것도 주어지지 않습니다. 지금은 구체적인 연대를 말하기에 앞서 20대가 각자의 위치에서 자신들 안에 어떤 실천의 가능성이 있는가, 어떻게 생각을 변화시켜가야 하는가 고민해야 하는 단계에 있다고 봅니다.

아마미야 한국에서는 아직 주목할 만한 정도의 당사자 운동이 없다는 건가요? 20대 운동의 특징 같은 것이 있다고 보시는지…….

우석훈 수백 명 정도가 모인 단체가 서너 개 생겼습니다만, 그다지 커지지는 않았습니다. 그것도 그나마 윗세대의 지원을 받거나 하는 단계이고, 기왕에 사회적 의식이 있는 축에 속하는 이들에 국한되어 있는 것으로 보입니다. 20대의 운동은 시간이 지나면 더 이상 20대가 아니게 되는 기한이 붙은 운동입니다. 또한 30대, 40대 사람들이 "내가 20대 때는……" 하면서 찬물을 끼얹기 때문에 운동을 전개하기가 어려운 면도 있습니다.

아마미야 한국에서 비정규직 비율이 늘어난 배경에는 어떤 정책적인 전환이 있었나요? 일본에서도 20대들은 상당수가 사회에 발을 들여놓는 순간 비정규직의 위치에 놓이게 되는데 이들이 전가된 고통으로부터 벗어날 기회는 점점 줄어들고 있습니다.

당사자 운동 말 그대로 사회적 모순을 느끼는 당사자 자신이 스스로와 자신의 현장을 근본적으로 변화시켜 나가려는 운동을 말한다. 외부의 힘과 노력에 의해 주어진 변화는 일회적인 것에 그칠 가능성이 많을 뿐만 아니라 당사자 자기의 몫으로 여겨지지 않는다. 그리고 이 변화를 지속할 힘(Power)을 스스로 가지고 있지도 못하다. '스스로 만든 것'이 아니라 '주어진 것'이기 때문이다. 당사자 운동에서 조직화의 기본 원칙으로 다음과 같은 것들이 있다.
1. 오직 당사자 스스로만 그들 자신을 도울 수 있다.
2. 지도력은 당사자로부터 나와야 한다.
3. 조직은 힘(Power)의 전제 조건이다.
4. 조직의 기초는 당사자 자신들의 이해관계이다.
5. 투쟁은 대부분의 경우 문제해결을 위해 불가피한 조처이다.

우석훈 한 마디로 말하자면 한국 정부의 경제 정책 기조가 뚜렷이 신자유주의 방향으로 이행했다는 것에서 찾을 수 있겠지요. 비정규직 비율은 공식적인 통계로는 50퍼센트 미만입니다만 통계를 얻는 방법에 문제가 있기 때문에 실제로는 60퍼센트에서 70퍼센트 정도일 겁니다. 지금의 상황으로 가면 가까운 시일 안에 90퍼센트에 달할 거라고 보고 있습니다. 제대로 된 정규직은 삼성전자 등의 대기업이나 상급 공무원 등으로 제한되어 있고, 거기에 들어갈 수 있는 사람은 5퍼센트 미만인 상황입니다.

2008년에 출간된 만화책 《뭐, 없니?》(씨네 21). "88만원 세대의 음습발랄 성장기. 20대에 대한 생태학적 보고서"라고 소개되어 있다. (오른쪽 사진) 요즘 열띤 주목을 받고 있는 인디 그룹 '장기하와 얼굴들' 공연 포스터. 신고辛苦를 겪는 20대의 고단한 서정이 담겨 있는 곡들이 상당수 담겨 있다.

한국에서 20대 당사자운동은 아직 미미한 수준이지만, 갈수록 심각해지는 청년층의 실업 문제와 가난은 이제 중요한 시대적 문화현상으로 부각되고 있다.

예전까지는 부자든 가난한 사람이든 국가에게 국민 전체는 서비스의 대상이었습니다만, 1997년의 경제위기는 상황을 전면적으로 바꾸어 놓았습니다. IMF가 구조조정, 노동시장의 유연화 등 이른바 인력 감축을 요구하면서 노동자에 대한 규정이나 배려가 없어져 버렸던 겁니다. 고용이 자유화되고 해고에 관한 규제가 사라져 갔습니다. 그렇게 되자 기업주는 눈앞의 이익을 위해 구조조정을 하는 겁니다. 종신 고용제로 대표되는 일본 모델이 사라지고 그것을 대신하는 모델이 없는 채 지금과 같은 상황이 진행되고 있다고 할 수 있습니다.

사회 구조도 변했습니다. 도형으로 설명하기로 하지요

삼각형 구조　　　마름모꼴 구조　　　8자형 구조

유럽에서는 가장 위에 왕(혹은 최상위 권력)이 있고, 중산계급이 있으며, 노동자가 있는 삼각형 구조입니다. 이것은 균형(지향)점이 하나 (정점)이기 때문에 어디에 있건 그 한 점을 향하도록 되어 있습니다. 한국에서는 1970년대부터 1998년까지 마름모꼴 구조가 되어 있었습니다. 균형점이 세 개이기 때문에 어떤 방향으로도 이동할 수 있었습니다. 사람들을 움직이는 힘은 당연히 경쟁을 통해 위로 향하는 힘이었지만, 계층 상승의 여지도 존재했고 한편으로는 다양성도 있었습니다.

서울 내부의 '8자형 사회구조'를 극명히 보여주는 강남 개포동의 타워팰리스와 '구룡마을'. 주상복합과 판자촌의 대비는 신자유주의 체제가 초래한 빈익빈 부익부 양극화 사회의 상징적 아이콘이다.

우석훈은 '8자형 사회경제'의 핵심을 '분리'라고 적시한다. 중남미가 그랬듯이, 주거와 교육, 시장에서 상층부와 하층부가 '따로 노는' 사회구조가 만들어진다는 것이다. 그에 따르면 타워팰리스의 등장은 8자형 경제를 보여주는 단적인 사건이다. "이 주택 양식은 우리나라에서 최초로 (가진 사람들이) 가난한 사람과 섞여 살지 않겠다는 의지를 보여주는 것"이라는 것이다.

타워팰리스는 이른바 '요새fortress주택'이다. 가난한 사람들은 아예 접근할 수 없다. 타워팰리스로 대표되는 주상복합은 부富를 표상하는 '지역 속 강남'으로 전국 곳곳에 출현한다. '서울 강북의 강남' '부산의 강남' '대구의 강남' 식으로 분리가 일어난다는 것이다. 분리는 주거공간에 그치는 것이 아니다. 교육의 분리, 시장의 분리를 거쳐 도달하는 가장 극단적인 결말은 이 '8자형' 혹은 '눈사람형' 사회·경제구조의 완전한 분리이다. 이 단계에 이르면 더 이상 국민 경제라는 이름으로 통합이 불가능하다.

그러나 한국사회는 IMF 경제위기 이후 급격히 '8자형 구조'로 바뀌어갔습니다. 위에는 40대에서 50대, 그리고 서울시 거주민이 들어가고, 아래로는 10대에서 20대의 젊은이들, 그리고 지방의 거주민과 고졸자가 들어갑니다. 중국의 경우 거의 단절 모델(8자에서 위의 원과 아래의 원이 떨어져 있다)이지만, 20대, 30대는 상위에 들어가 있습니다. 한국에서는 이 젊은 세대가 아래로 들어가 있기 때문에 위험합니다.

한편 일본은 상하 사이가 굉장히 좁고 옆이 아주 넓은 모델이라고 생각합니다. 부자와 가난한 사람의 격차가 적지요. 하지만 일본에도 위기가 찾아와 상하의 격차가 확대되고 중간계급이 줄어들고 있습니다. 그러나 한국에 비하면 훨씬 낫겠지요.

아마미야 일본에서는 현재 비정규직 문제에 있어 파견법이 쟁점이 되고 있습니다. 한국에서는 1990년 후반에 노동자 파견법이 만들어진 것으로 아는데 이에 대한 반대 운동은 일어나지 않았나요?

우석훈 당시는 노동운동이 강했던 시기라서 그렇게 심각한 사태가 도래할 거라고는 생각하지 않았습니다. 정규직의 임금을 올리는 대신 비정규직 고용 문제 등은 간단히 다룰 수 있게 한다는 일종의 거래가 이루어진 거지요. 실제로도 초기에는 비정규직이 한꺼번에 증대하는 현상은 일어나지 않았습니다. 그러나 비정규직 법안이나 파견법 등이 잇따라 법제화되고 기성사실로 받아들여지게 되자 급속히 상황은 달라져 버린 것입니다. 대기업 노조 중심의 노동운동의 그러한 태도와 사태진전으로 인하여 지금은 그에 대한 비판이 일어나고 있습니다.

아마미야 그렇다면 15년 전, 그러니까 1993년쯤에는 비정규직 비율이 어느 정도였습니까?

우석훈 당시는 OECD에 가입하지 않은 상태이었기 때문에(1996년에 가입), 예컨대 건설 현장의 노동자를 어떻게 분류할까 하는 기준이 표준화되어 있지 않았고, 그러니 통계가 없다고 대답할 수밖에 없습니다. 1989년까지는 임금 문제가 있긴 했지만, 일할 의사가 있는데 일할 직장이 없는 사람은 없었습니다. 완전고용 상태였던 거지요. 날품팔이 노동자들을 제외하면 중소기업도 대부분 정규직이었습니다. 삼성 같은 대기업보다도 오히려 견실한 중소기업이 더 높은 수입을 얻을 수 있는 상황이었고, 또 성공신화도 있었습니다. 오늘과 같이 심각한 고용 문제가 발생하리라고는 아무도 예상하지 못했지요.

비정규직의 근본적인 문제는 공장 등에서 정규직과 동일한 노동을 하고 있는데도 기한이 붙은 단기 계약이라는 점입니다. 그리고 더 심각한 문제는 이 비정규직의 단기 계약이 최근에는 파견노동자로 이행하고 있다는 점이지요.

아마미야 노동/고용의 형태가 파견노동으로 급속히 이행하는 걸 보면 자본이 미리부터 노동시장 유연화 계획을 준비하고 벼려왔다는 생각을 갖게 됩니다. 한국에서는 2년 계약의 계약사원이 파견노동자로 바뀌고 있다는 말씀이지요?

우석훈　비정규직 보호법이 생기고 나서는 2년 이상 일하면 정규직으로 전환해 주어야 하기 때문에 처음부터 파견노동자로 바꿔 버리려고 제도적인 준비를 하고 있는 단계입니다. 파견노동자라면 고용주와는 아예 계약 관계가 없는 셈이 되니까요. 파견노동이 안고 있는 핵심적인 문제가 이것이겠지요.

노조에 대한 20대의 위화감

아마미야　비정규직 보호법은 아주 교활한 레토릭이라 생각합니다. 보호라는 말을 깔고서 사태를 기정사실화하려는 것일 터인데, 일단 현실이 되어버리면 노동자들은(정규직까지 포함하여) 영구적인 불안상태에 놓여 버리지요. 한국에서는 이러한 일들이 어떻게 진행되어 왔던 것인가요?

아마미야 카린

우석훈　(비정규직 보호법이 생기기 전에) 비정규직 문제가 불거지자 논의가 비정규직을 어떻게 줄일까 하는 방향으로 흘러간 측면이 있습니다. 이미 비정규직을 인정하는 태도가 스며들어 있었던 것이지요. 그러니 정규직으로 전환하고 임금을 조정한다거나 고용 시간을 조정하는 등의 선택지들을 미리부터 포기하고, 결국 비정규직이라는 방식을 기정사실화한 채 문제 해결을 하고자 한 것이지요. 늘 그러하듯이 한 번 기정사실화되면(특히 법제화의 형태로) 사태를 되돌리기란

아주 어려워집니다. 정부나 자본은 노동 쪽보다 훨씬 영리했던 것이
지요. 파견노동 문제 등 사태의 진전은 바로 여기에서부터 시작된 것
입니다.

아마미야   어느 시기부터인가 일본 비정규직 젊은이들 중에는, 자
신들이 불안정한 노동자라는 의식 하에서 인디(독립) 노동조합을 만
들어 프레카리아트 운동을 전개하는 사람들이 늘어가고 있습니다.
물론 여전히 '자기책임'이라는 말에 사로잡혀 자책하고 있는 젊은
이들이 여전히 더 많습니다만. 한국에서는 어떤 상황인가요?

《아마미야 카린의 투쟁 다이어리》(集英社, 2008) 표지 앞과 뒤. 아마미야 카린은 이론가나 지식
인이라기보다는 실천가에 가깝다. 그녀의 감성의 기초는 '고단한 삶'이다. "위협받지 않고 일
하며 살 수 있는 사회"가 가능한 길을 찾아가는 그녀의 실천과 언어는 많은 순간 사회과학자들
의 언어보다 더 큰 설득력을 지닌다.

우석훈 한국은 아직 비관적인 상태에 머물러 있다고 생각합니다. 대기업에 들어간 20대는 기본적으로 노조에 가입하지 않습니다. 한국에서 노조 가입률은 10퍼센트 미만입니다. 20대의 일반적인 문화와 노조 문화가 굉장히 동떨어져 있어서 세대 간 전쟁으로 비유할 수 있을 정도로 서로 관계가 좋지 않은 경우도 있습니다.

마음의 병이라는 측면에서 말한다면, 10대의 정신병 증가율은 아마 한국이 세계 최고일 것입니다. 자신을 책망하는 의식은 일본보다 훨씬 강하지 않을까 싶습니다. 부모는 나름대로 돈도 있고 또 자신도 좋은 대학을 나오기는 했습니다. 그런데 정작 제대로 된 직장을 구할 수 없는 거예요. 그러니 "자신만 제구실을 한다면……" 하는 생각이 드는 거지요. 일본 책들이 한국에 많이 들어오고 있습니다만, 가장 영향력이 있는 것은 역시 자기 계발서입니다.

아마미야 좀 다른 이야기입니다만, 일본에서는 사회운동을 세대로 묶는 방식으로 접근하면 반드시 비판이 일어납니다. 한국에서는 '88만원 세대'에 대한 비판은 없었습니까?

우석훈 좌파의 관점에서는 기본적으로 계급이라는 개념이 무엇보다 중요하다 하겠지요. 저 자신도 계급 문제에 대해 계속해서 언급해왔기 때문인지 (계급 문제를 세대 문제로 은폐하려고 한다는 등의) 별다른 비판은 없습니다. 계급적인 지배가 관철될 때의 양상은 현실적으로는 다양한 모습을 띱니다. 예컨대 지역, 성별, 직업 등의 구체적인 조건에 의해 복잡한 구성으로 변하는 것이지요. 그 가운데 계층적인 지배가 관철될 때에 일종의 출구적인 대응 방식의 하나로서 '세대' 가 있다고 생각합니다. 물론 세대론만으로 모든 것이 해결된 다고는 보지는 않습니다.

아마미야 궁극적으로 연대를 호소하고 있다는 말씀인데, 쓰러뜨려 야 할 공동의 적은 무엇이라 할 수 있나요?

우석훈 책의 제목을 처음 정하려 했을 때 몇 가지 후보가 있었습니 다. 한 가지 예로 자기 자신이 살아남기 위해 급우를 죽이는 영화 〈배틀 로얄 Battle Royale〉에서 따서 '배틀 로얄 세대' 로 할까 생각해 본 적도 있습니다. '88만원 세대' 라는 제목이 문제의식의 근원이라

다카미 고슌(高見廣春)의 원작을 2000 년 후카사쿠 긴지(深作欣二) 감독이 영 화화해 화제를 불러 일으켰던 영화 〈배 틀 로얄〉.

무한대의 자기 능력화를 강요받는 신 자유주의 경제 원리 하에서 이제 생존 의 윤리나 '꼴찌에게 보내는 갈채' 같은 것은 아무 데도 없다. "2등은 아무도 기억해 주지 않는다" 는 강박 하에서 '경쟁자 죽이기' 는 당연한 생존 원리로 받아들여진다.

고 표면적으로 이해한다면 당장 눈앞의 적은 바로 위 세대가 됩니다. 다만 실제로는 그렇지 않습니다. 자본은 다양한 형태로 이익을 낳습니다만, 그 방식은 늘 변하고 궁극적으로 적의 실체는 좀처럼 모습을 드러내지 않습니다. 진정한 적은 '구조'겠지요. 상투적으로 들릴지 모르지만.

아마미야 거품경제가 붕괴한 1991년부터 2002년 무렵까지의 경제 불황기에 본격적으로 일본에서도 일종의 폭력적인 방식으로 고용 파괴가 진행되어 왔지만, 그렇다고 과거 일본의 고용 제도 자체에 대해서도 노동자들(특히 젊은 층)의 불만이 없었던 것은 아닙니다. 예컨대 회사에 속박되는 종신고용제 같은 것에 대한 반발이지요. 한국에서는 어떻습니까?

우석훈 김대중 전 대통령이 2, 3주 전에 "일본에서는 '잃어버린 10년' 이후 다시 과거 일본형 모델로 돌아가려는 기업도 있다. 한국에서도 참고로 해야 하지 않을까"하는 발언을 했습니다. 제 생각에는 현실적으로도 어렵고, 그것이 유일한, 바람직한 모델인가에 대해서도 동의하지 않습니다.

어떤 의미에서 일본의 종신고용제는 노인이 될 때까지 고용해 줄 테니까 죽기 살기로 일하라고 강요하는 제도겠지요. 저는 그것이 행복한 삶이라고는 생각하지 않습니다. 노동시간을 줄이고 임금을 줄여서라도 휴식을 우선해야 한다고 생각하거든요. 현실적으로 바람직하다고 생각하는 고용 모델은 스위스나 스웨덴 등이 하고 있는 모델이랄까요. 임금은 그다지 높지 않지만 편하게 일하고 서로 일을 나누는 기업 모델을 지향해야 한다고 생각합니다.

아마미야 끝으로, 자본의 이익이 극대화되고 노동자가 피폐해지는 지금의 신자유주의 사회는 경제학적 관점으로 볼 때 지속성이 있다고 보십니까?

우석훈 기본적으로는 지속 불가능한 시스템이라고 생각합니다. 그러나 이는 신자유주의의 문제가 아니라 자본주의 자체의 문제일 겁니다. 마르크스가 《자본》을 쓸 때 염두에 두었던 것은 인간의 노동이 기계, 그리고 로봇에 의해 대체되어 간다는 것이었잖아요. 조금은 추상적으로 들릴지 모르겠지만, 현재는 그 자동화의 도상에 있습니다. 인간의 노동을 어떻게 해 나갈까 하는 문제에 대해서는 사회적으로 해결해 나가는 방법을 찾아가야 하겠지요.

스쾃하라! 저항하라! 창작하라!
– 빈집을 점거하는 아티스트들

녹슨 철공소 한 구석에서

한국에 와서 누린 행복이 있다면 그건 기대 이상으로 많은 사람들을 만나 그들과 대화를 나눌 수 있었기 때문이었다.

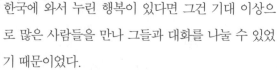

노동운동이나 사회운동을 하는 활동가들과의 만남은 물론 더할 나위 없이 좋았지만, 뭔가 또 다른 의미에서 내게 선명한 인상을 남긴 것은 열정적인 아티스트들, 그리고 연구자들과의 만남이었다. 내가 방문했던 곳은 〈예술과 도시 사회연구소〉와 연구공간 〈수유+너머〉.

두 곳을 하나로 묶어 설명하는 것은 어렵다. 전자의

〈예술과 도시 사회연구소〉는 한국에서 스콰트Squat을 실행하는 아티스트들이 모인 곳이고, 연구공간 〈수유＋너머〉는 유례없는 성취로 널리 알려지게 된 연구자들의 모임. 연구 공동체를 운영하면서 "삶과 지적인 연구 활동, 그리고 운동이 일치하는" 장을 만들어 내고 있는 사람들의 공간이다.

이렇게 추상적인 개념으로 에둘러 설명하는 것도 번거롭다는 느낌이다. 먼저 〈예술과 도시 사회연구소〉부터 보고하기로 하자.

이브 라몽의 다큐멘터리 〈점거하라〉. 노숙인과 도시빈민들이 생활할 수 있는 거처를 만들기 위하여 오래된 아파트를 스콰트하는 과정을 다룬 영화. 본격적인 의미에서 스콰트는 산업혁명기 도시빈민들의 불법점유를 통한 주거운동으로 시작하여 이후 사회운동의 조직적 움직임으로 발전해 왔다. 이른바 '68혁명' 시기를 거쳐 1970년대 말과 1980년대 초반에 이르러서는 지식인 운동으로서의 예술 스콰트가 시작되게 된다.(1981년 프랑스 파리에서의 스콰트 '아르 클로슈') 그리고 이 예술 스콰트은 공간에 대한 자본주의적 소유 방식을 비판하면서 소외된 계층과 연대하고 삶과 예술을 함께 향유하는 적극적인 운동으로 전개되고 있다.

도심 변두리의 평범하고 남루한 동네의 모습이지만, 그림 하나가 풍경을 어떤 느낌으로 바꾸어 놓을 수 있는지를 실감할 수 있다.

벽과 철문 등에 그려진 그림들.

(왼쪽부터)네덜란드의 암스테르담, 독일의 베를린, 프랑스 파리에 있는 예술가들의 스콧 현장.

"한국에서 스쾃 등을 하고 있는 엄청나게 재미있는 사람들이 있
다!" 이렇게 역설한 사람은 한국 취재의 코디네이터이자 통역을 맡
아준 후지이 다케시藤井たけし 씨다. 스쾃이란 빈 집 등을 점거하는
것. 이렇게 말하면 몹시 뻔뻔한 사람들인 것 같지만, '소유'의 개념
을 날려버리고 자본주의에 종속되지 않는 대안문화운동을 창조하
고 보급한다는 뚜렷한 목적을 가지고 이 운동을 실천하는 사람들이
다.

사회운동으로서의 스쾃이든, 이른바 '예술 스쾃'이든 그 발단은 유
럽에서부터 시작된 것이었다. 최근에 나는 한 지인으로부터 독일의
스쾃 현장을 방문한 이야기를 들은 적이 있다. 건물을 통째로 점거
한 스쾃 활동가들은 그 안에 라이브 하우스나 바 같은 것을 만들어
놓는가 하면, 그곳에서 아주 충실한 모습으로 살아가고 있더라는 것
이었다.
스쾃은 언뜻 다가오는 느낌과는 다르게 자신들의 '자율적인 공간'을
되찾는 시도이자 도시 공간의 공공성을 회복하는 운동이다. 그런
스쾃을 한국에서 실천하고 있는 사람이 있다니, 찾아가 보지 않을 수
없는 노릇이었다. "꼭 취재하는 게 좋을 겁니다." 후지이 씨의 강력한
추천을 받아 8월 10일 우리는 서울 문래동으로 발걸음을 옮겼다.

아무런 예비 지식도 없이 찾아간 그곳은 예상보다 더 신기함으로
가득 찬 곳이었다.

분위기는 정겨운 마을, 서민 동네의 철공소 지역. 녹슨 철공소가 다

닥다닥 죽 늘어서 있고, 개인이 경영하는 철공소들이 밀집해 있는 지역을 에워싸듯이 아주 새로운 고층빌딩들이 사방에 늘어서 있다. 스러질 듯 녹슨 색깔을 띤 철공소들과, 맞은편에 우뚝 솟은 거대한 빌딩들. 왠지 그 대조는 SF영화의 세트와도 같았고, 그 초현실적인 광경을 낯설어 하며 아찔한 기분으로 잠시 서 있었더니 또 다시 신기한 광경이 시야에 들어온다.

그날은 일요일. 철공소들이 쉬는 날이어서 쇠로 된 문은 잠겨 있었는데 한 철문에 페인트로 그려진 그림이 눈에 확 띄는 것이었다. 무심코 지나가던 사람이 보면 한순간 '낙서?' 하고 지나칠지 모르겠지만, 자세히 보면 그건 낙서의 수준이 아니라는 것을 금세 알게 된다.

철공소 문에 웬 예술?

그렇다. 바로 이런 활동은 내가 지금부터 취재할 '한국의 스쾃 아티스트' 김강 씨가 기획하고 있는 것들 중에서도 작은 일부이기도 하다. 이곳은 한국에서도 유일한 '아티스트들의 마을'로, 철공소 2층이나 3층에 많은 아티스트들이 살고 있다. 아티스트가 살고 있는 철공소 벽에는 노란 손수건이 표지標識로 내걸려 있고, 그런 철공소의 문마다에는 역시 무척이나 화려한 그림들이 그려져 있다. 철공소의 문에 그려진 페인트 그림들이 바로 이곳이 새로운 '문화'의 발신지임을 주장하고 있는 것이다.

철공소 한구석에 있는 어떤 건물의 한 방에서 김강 씨를 만났다. 닳아빠진 문을 열자 눈 앞에 나보다 연상으로 보이는 멋진 여성이 기다리고 있었다. 김강 씨. 온몸에서 아티스트의 분위기가 풍겨난다. 바로 이 방이 〈예술과 도시 사회연구소〉다. 방은 100평방미터가 좀넘어 보이는 넓이로, 회의용 테이블이 있고 의자 너머에는 웬일인지 2단 침대 두 개가 있다.

"왜 이런 곳에 침대가?"
이렇게 묻자 김강 씨는 당연하다는 표정으로 대답한다.
"외국에서 온 사람들을 공짜로 재워줄 수 있거든요."

김강 씨(사진 노순택): 프랑스 파리의 예술행정, 기획 전문학교인 에콜 이카(Ecole ICART: Institut Supérieur des Carriéres Artistiques)를 졸업. 졸업논문으로 〈삶과 예술의 실험실—예술 스쾃(Laboratoire de l'art et de la vie: Squat Artistique)〉을 썼는데, 이는 프랑스의 파리에 존재하고 있는 예술가들의 스쾃에 대한 보고서다. 지난 해 이 논문에 더하여 한국에서의 오아시스 프로젝트 활동을 통해 축적된 경험과 자료를 첨가하여 《삶과 예술의 실험실, 스쾃》(문화과학사, 2008)이란 책을 출간하기도 했다. 한국 최초의 스쾃 예술가로 이 운동을 주도하고 있다.

이 말을 듣고 나는 공연히 기뻤다. '공짜로 있을 수 있는 장소'……. 해외에서 이런 곳을 찾기란 지극히 어려운 일이다. 아니, 일본에서도 친구 집(그것도 아주 친한) 같은 곳을 별개로 한다면 공짜로 묵을 수 있는 장소 같은 건 없다. 최대한 절약하여 넷카페에서 잔다고 해도 하루에 1,000엔은 드는 법이다. '어디서도 공짜로 있을 수 없는' 그런 상황이 늘 우리에게 자유 대신 절망을 안겨주는 현실. 그런데 그녀는 솔선하여 자신의 연구소 한 구석을 해방하여 외국인들에게 공간을 제공하고 있는 것이다.

우리가 찾아간 날은 아무도 묵고 있지 않았지만, 유럽에서 온 아티스트 등이 이용하고 있다 한다. 세계적인 네트워크 속에서 활동하는 김강 씨의 모습이 엿보인다. '세계 곳곳에 공짜로 묵을 수 있는

철공소 위에 있는 아틀리에 앞에서 김강 씨와 그녀의 남편이자 오랜 예술적 파트너 김윤환 씨와 함께. 자유롭게 드나들 수 있도록 뚫어놓은 벽이 인상적이다.

곳을 어떻게 하면 늘릴 수 있을까' 하고 날마다 모색하고 있는 나에게는 너무나 기쁜 정보다. 가난한 계급이 여기저기 돌아다니며 운동하기 위해서는 이러한 네트워크의 힘이 가장 큰 재산이니까. 당장 주변의 가난한 친구들에게도 알려줘야지. "한국에 가면 공짜로 묵을 수 있는 곳이 있어!" 라고.

자리에 앉자 나는 김강 씨에게 먼저 철공소와 아티스트가 공존하는 이 '신기한 마을'에 대해 물어보았다. "대체 이 지역은 뭔가요?" 김강 씨가 대답한다.

"이 주변은 철공소 지역인데 건물마다 2층과 3층이 대부분 비어 있었어요. 임대료가 싸서 처음 예술가들이 이곳으로 옮겨 오게 된 것은 6, 7년 전이지요. 지금은 130명 정도의 예술가들이 있고 50개 정도의 아틀리에가 있어요. 이곳에는 미술을 하는 사람도 있고, 연극을 하는 사람도 있고, 연극이나 무용 공연을 할 수 있는 장소도 있어요. 조각가도 있고 그림 그리는 사람도 있고 길거리 공연을 하는 사람도 있지요. 그리고 이처럼 연구소도 있고요." 그 밖에도 도시사회학이나 미학을 연구하는 사람들도 있다고 하니 그야말로 종합예술단지인 셈이다.

이곳의 가장 큰 이점은 뭐니 뭐니 해도 임대료가 싸다는 것이다. 서울시라고는 생각되지 않을 만큼 일반적인 부동산 가격의 5분의 1. 금액으로 계산하자면 월 20만 원 정도라고 한다. 그러니 아티스트들 사이에서 입소문으로 퍼져나가 점점 사람이 늘어났다. 사람이 늘면 교류가 생기고, 이 교류를 찾아 더 많은 사람이 모여든다. 애초에 철공소는 시끄럽기 때문에 일반인들의 경우 이곳의 2층, 3층에 살고 싶어 하는 사람은 좀처럼 없었다.

그러나 예술가의 경우는 달랐다. "예술가 자체가 시끄럽기 때문에 자신들에게 화를 내는 사람이 없는 곳이 좋잖아요?" 하고 김강 씨는 웃는다. 게다가 "철공소 직인職人의 에너지에 자극을 받는" 상승효과도 있다는 것이다. 철공소 측의 반응도 대체로 '호의적'이다. 무관심한 사람은 있지만 아티스트를 싫어하는 경우는 없다.

철공소와 아티스트들의 이상적인 공존 관계가 기적적으로 성공을 거두고 있는 아티스트들의 마을. 그러나 이곳도 위기에 직면하고 있다. 바로 '재개발' 문제이다.

재개발에 맞서는 아티스트들

사방에 출현하고 있는 신축 고층빌딩들의 존재가 무엇보다도 확실한 증거일 것이다. 재개발이 되면 애써 만들어놓은 이 공동체는 흩어져버린다. 철공소도 사라져버린다.

"자율적인 자치구처럼 되어 있는 이곳을 어떻게 하면 지켜낼 수 있는지 생각하고 있습니다. 주변이 다 고층 아파트라서 주위 사람들의 눈으로 보면 당연히 이곳도 재개발되어야 할 지역으로 보이겠지요. 철공소라서 분진도 나오고, 또 자신이 살고 있는 근처에 작고 지저분한 철공소들이 있으면 땅값도 내려간다는 이유에서 재개발에 찬성하는 사람이 많습니다. 그런 가운데서 공존할 수 있으면 좋겠다는 생각, 그것을 가능하게 하는 방법을 찾고 싶은 거지요."

김강 씨는 따로따로 이 지역으로 들어온 아티스트들을 '조직화' 하기 시작했다.

"개별적으로 들어왔기 때문에 당연히 생각도 다른 사람들에게 이곳이 공동체라는 의식을 갖게 하는 운동을 해 왔습니다. 그래서

재개발 부동산 투기의 광풍이 몰아친 대한민국의 도심은 건물과 토지의 사적 소유권이 촘촘히 얽힌 자본의 정글이다. 재개발을 통해 도시빈민들은 외곽으로 밀려나고, 그와 반대로 도심에는 빈 건물들이 늘 존재한다. 스쾃운동은 도시의 빈 공간을 무단으로 점거해 자본의 소유권을 거부하고, 창작의 거점으로 삼는 생존권 투쟁이자 예술운동이다. 독점된 사유재산의 빈 공간을 사회구성원 모두가 공유할 권리를 주장하다니, 그들은 얼마나 정치적인가.

2007년 12월에는 〈문래예술공단〉이라는 아티스트 조직도 만들었습니다. 1층이 철공소이니까 그런 느낌을 살려 '공단'이라고 한 것입니다."

그리하여 재개발에 반대하는 투쟁을 시작했는데, 그 방식이 역시 아티스트들답다.

"정치적인 형태로 전투적으로 운동하는 것이 아니라 아티스트들이니까 전시회나 이벤트 같은 것을 하면서 자신들이 이곳에 존재하고 있다는 것을 보여줍니다. 그런 행위가 저항이 될 거라고 생각하고 있어요."

2008년 '문래 아트 페스티벌' 포스터. 초청글에는 다음과 같은 말이 적혀 있다. "'문래 아트 페스티벌 2008'은 예술가와 관객이 함께 어우러져 문래동 철제공간의 역사적 맥락을 공감하면서 공간의 기억과 현재의 삶의 의미를 교감할 수 있는 춤, 퍼포먼스, 설치, 회화, 사진, 문학 등 다원적인 예술마당을 마련했습니다. 어떠한 제약도 받지 않는 자발적인 예술가들의 실험정신과 누구나 참여할 수 있는 관객의 창조정신이 오래된 문래동 철제공간 안과 밖에서 '분출과정으로서 다원적인 예술활동'이 전개될 예정입니다. 어느 제도권에도 속해 있지 않은, 그렇지만 수많은 자유공간에서 우리들의 삶을 고뇌하고 새로운 정신을 표출하고자 욕망하는 우리 시대의 예술가와 아시아지역의 예술가들이 관객들과 함께 '자립적으로 상생할 수 있는 꽃'을 심는 축제가 될 것입니다."

재작년 12월 '문래 아트 페스티벌' 개최. 그리고 올(2008) 7월에는 스튜디오의 생생한 모습을 일반 사람들에게 공개하는 '오픈 스튜디오' 개최. 김강 씨가 말하는 "예술적인 저항"이다. 재개발된 지역에 사는 주민들의 반응은 어떠했을까?

"처음에는 놀라움? 그 다음에는 자신들이 살고 있는 동네 근처에 이런 예술가들이 살고 있다는 것이 그다지 나쁘지 않은데, 이고요. 하지만 그렇다고 해서 철공소가 남았으면 좋겠다고 생각하지는 않아요. 그게 문제지요. 이곳의 경우, 아티스트들과 철공소는 떼놓을 수 없는 곳이니까요."

물론 철공소 쪽도 재개발에 반대다. 그러나 한국만이 아니라 세계의 다른 도시들에서도 도심 한복판에 이러한 성격의 공단이 남는다는 것 자체가 무척 힘들 것이다. 그러나 '문화적인 가치'가 있다고 인정된다면 남게 될 가능성도 있지 않을까 하는 것, 이들은 지금 그것을 고민하고 있는 중이다.

"우리는 이곳을 특별한 곳으로 지정하게 하여 지킬 수는 없을까 하는 걸 연구하고 있어요. 이곳의 예가 특이한 것은 예술가들이 이렇게 폭넓게 밀집해 있다는 점이거든요. 장르도 다양하고, 어쨌든 한국 역사상 처음 있는 일이니까요. 이 지역은 이와 같이 예술 문화적인 의미에서 중요성이 있다는 것을 부각시키려고 노력하고 있어요."

아티스트들이 자율적으로 운영하는 공동체를 만들고 있는 이곳을 파괴해버리는 것은 분명 '문화'의 파괴일 것이다.

만약 재개발해야 하니 나가라는 말을 듣는다면? 이렇게 묻자 그녀는 말한다.

"지금 이 연구소는 합법적으로 돈을 지불하며 쓰고 있지만, 그렇게 된다면 임대료는 지불할 수 없지요. 바로 스쾃으로 들어가는 겁니다."

그녀, 한국 최초의 스쾃 예술가

그녀가 스쾃과 만난 것은 2001년 프랑스에 갔을 때다. 찾아간 아틀리에가 스쾃을 하고 있는 곳이라는 사실을 그녀는 나중에서야 알게 되었다. 그리고 2002년 다시 프랑스 파리. 그 무렵부터 스쾃연구에 관심을 가지게 되었고, 그러다가 완전히 여기에 빠져 버렸다. 당시 다니고 있던 전문학교의 졸업논문 주제도 바로 이 스쾃.

2004년 파트너인 남성과 함께 그녀는 한국 최초로 스쾃을 기획한다. 그 기획은 매스컴에도 크게 다루어져 한국 사회에서 하나의 커다란 '스캔들'이 되어버렸다.

여기서 잠시. "그런데 스쾃은 어떻게 해요?" 이런 나의 질문에 그녀는 스쾃을 위한 '준비'에 대해 가르쳐주었다. 준비 자체가 하나의 대대적인, 그리고 즐거운 축제라는 것.

"우선 탐색. 어떤 공간이 비어 있는지, 주인은 누구인지, 정부인지 개인인지, 그리고 몇 년이나 비어 있었는지, 그런 정보들을 종합하여 판단합니다. 판단 기준이 되는 것은, 그 공간이 개인의 소유가 아니라 관공서라든가 대기업이 주인일 것, 그리고 최소한 5~6년은 사용하지 않았을 것, 한두 달 후에 헐릴 예정인 건물이 아닐 것 등이에요."

조사한 결과 그녀가 한국 초유의 스콰 장소로 택한 곳은 '예술인 회관'. 이는 문화관광부의 지원을 받아 한국 최대의 예술가 단체가 국비로 세운 건물인데, 간부들의 횡령으로 건설 자금이 부족해서 공사 자체가 7, 8년 중단된 상태로 방치되어 있었던 것이다.

"우리로서는 한국에서 최초로 스콰을 하기에 가장 적절한 장소라고 생각했다"며 그녀는 장난스럽게 웃는다.
왜냐하면 "정치, 경제, 사회, 예술 등 한국 사회가 안고 있는 고질적인 문제들이 복합적으로 중첩되어 있는 현실을 이곳에서 보여줄 수 있다"고 판단했기 때문이다.

건물의 상태도 벽이나 천장이 이미 만들어져 있었기 때문에 마음만 먹으면 사용할 수도 있는 상황이었다.
준비 기간은 10개월. 스콰에 대한 이해의 폭을 넓히고 심화시키기 위해 유럽에서 이루어지는 스콰의 사례들을 알리는 활동도 했다. 반응은 굉장히 좋았다.

"일반 사람들은 유럽 스쾃의 자유로운 느낌, 예술가다운 발랄하고 도전적인 이미지에 참신함을 느끼거나 적어도 긍정적인 느낌을 가지고 보고 있었어요. 사회운동, 혹은 문화운동이라기보다는 예술적인 측면에서 새로운 느낌으로 바라보고 있었는데, 실제 아티스트들은 스쾃 자체가 갖는 '저항성'에 주목했다고 생각해요."

이런 활동과 더불어 김강 씨 등은 앞으로 스쾃을 할 대상으로 설정한 예술인회관의 '가짜 분양광고'를 만든다.

"'예술인회관 제1차 임대분양 안내'라는 광고를 만들어 배포했어요.(웃음) 물론 우리가 주인은 아니었지만 인터넷에도 유포하고 소식지에 일면 광고도 냈어요. 임대료 표시는 없이 예술 행위를 함께한다는 것이 분양 조건이었지요."

(위 사진) 2006년 2월 29일 한국예술인총연합회가 예술인회관 목동 신축현장에서 단합대회를 열고 있다. 세금을 들여 기초공사를 마친 이 건물은 2004년 당시 간부들의 횡령으로 수년째 공사가 중단된 채로 방치되고 있었고, 사정은 지금도 마찬가지이다.

(오른쪽 사진) 김강 씨 등이 2004년에 만든 가짜 분양광고. "예술인회관 1차 임대, 분양안내"라는 제목이 붙어 있다.

너무도 발칙하고, 자유로운 발상이다. 스쾃의 대상으로 지목한 건물을 마음대로 '분양'한다? 게다가 임대료는 공짜. 당연히 응모가 쇄도하여 500명 정도의 예술가들이 신청했다. 기세가 오른 그녀는 분양을 위한 설명회까지 열었다. 몰래 숨어들어 촬영해온 사진을 슬라이드로 보여주며 설명회를 한 것이다.

"다들 스쾃이 뭔지는 알고 있었겠지요?" 일단 확인하려고 드니 김강 씨는 웃으며 대답한다.
"알고 있는 사람도 있고, 전혀 모르고 있는 사람도 있었어요."

그러나 "우리는 이곳을 이용할 수 있고, 이용하는 것이 당연하다"고 설명했단다. 그리고는 '모델하우스 방문' 행사까지도 개최. 굴착기까지 등장시킨 모델하우스 방문은 그 자체로 이벤트의 성격을 지닌 '모델하우스 방문 페스티벌'이 되었다.

사태가 이 지경에까지 이르자 당연히 예술인회관 주인도 이 건물이 점거될 거라는 걸 알게 된다. 또한 이 난데없는 스쾃 사건은 드디어 매스컴에도 공개되었다.

"한국의 경우 스쾃은 형사법상 처벌의 대상이 됩니다. 때문에 제재와 탄압이 있었을 때 응원해주는 사람을 확보해두는 것도 중요해요. 예컨대 변호사라든가."

김강 씨 등은 변호사와 사전에 여러 차례 대책 회의를 했다. 듣고 보니 이 과정이 꽤 힘들고 우여곡절이 많았겠지만, 바로 그 이 준비 과정 자체가 처음 스쾃 운동을 시작하는 사람들에게는 의미 있고 묘미 같은 것을 느낄 수 있는 과정이라고도 할 수 있겠다.

"할 일이 많고 또 낯설고 번거로운 일들이 속출해서 힘들 것 같다고 생각할지 모르지만, 모든 것이 재미있는 작업이에요"라고 말하는 그녀.

그리하여 2004년 8월 15일, 드디어 스쾃 결행!

열세 시간의 파티

새벽 5시. 이미 확보해 둔 침입 경로로 매스컴 관계자를 포함한 20명 정도가 건물 안으로 들어갔다. 페스티벌의 시작 시간은 오후 1시. 그 시간까지 얌전히 기다리고 있던 그들은 모두 페스티벌 개시와 동시에 20층 건물의 옥상에 등장했다. "예술가에게 작업실을! 시민에게 문화를!" 그들은 한 목소리로 스쾃에서 내건 슬로건을 외쳤다.

그러나 금세 수많은 경찰이 몰려와 진압. 결국 열세 시간밖에 건물 안에 머물 수 없었지만, 김강 씨는 "그 열세 시간은 파티였다"며 웃는다.

이 한국 최초의 스쾃은 커다란 스캔들로 일제히 매스컴에 보도되었다. 또한 이 일로 10명이 기소되어 재판이 받게 된다. 판결 결과, 3명에게는 벌금 50만 원, 7명에게는 벌금 30만 원. 현금을 낼 수 없는 경우에는 하루 5만 원씩 노역장에서 일하라는 선고였다. 다행이라면 그 집행을 1년 간 유예한다는 것이었다.

"커다란 스캔들로 비화되어 좀 더 무거운 처벌을 받을 거라고 생각했었는데 그 정도로 끝난 것은 변호사와 여러 차례 회의를 하면서 단단히 준비를 했기 때문일 거예요. 재판에서 일관되게 주장한 것은 한 가지였습니다. '이건 예술행위다' 라는 것이지요. 퍼포먼스를 했을 뿐인데 왜 벌금을 내라는 거냐며 항변하기도 했고요. 이건 어떤 의미에서 일반인들이 예술가에 대해 가지고 있는 이미지를 이용하려는 전술이었던 거지요. 일반 사람들은 어차피 예술가들은 이상한 사람

〈오아시스 프로젝트〉의 회원들이 2004년 8월15일 서울시 양천구 목동 예술인회관을 점거해 공사 재개를 요구하는 퍼포먼스를 열고 있다. 이날 오후 4시 건물에서는 "시민에게 문화를! 예술가에게 작업실을!"이라는 현수막이 내려짐과 동시에 성명서가 낭독됐다. 20여 명의 예술가들은 이미 새벽에 옥상으로 진입한 상황이었고, 오전에는 건물 밖에서 축제가 벌어졌다. 게릴라 방식으로 진행된 이날 행사는 언론매체를 타고 전국으로 퍼지면서, 5년째 공사가 중단된 목동 예술인회관 사업의 문제점이 다시 수면 위로 떠올랐다. 한국에서 "점거도 예술"이라는 스쾃운동의 시작을 알리는 또 하나의 광복절이었다.

들이라고 생각하기 때문에 그런 행위도 있을 수 있다는 느낌으로 관대하게 봐주는 구석도 있거든요. 그런 점을 파고든 거지요."

그들이 형벌을 가볍게 하기 위해 노력한 것은 이유가 있었다. 한국 최초의 스콰트에 대해 무거운 처벌이 내려지면 다른 사람들이 흥미를 가진다고 해도 실행할 수는 없기 때문이다. 그러므로 가벼운 처벌로 '용기'를 줄 필요가 있었던 것이다. 물론 이것 역시 그녀에게 들은 이야기이다.

그들의 기획은 그 후에도 계속된다. '예술포장마차'라는 이름으로 가두에 텐트를 치고 스콰트하기. 이것은 6개월이나 계속되었다. 가두의 텐트에서 전시회를 한다거나 콘서트를 열기도 하는 '대안 공간'을 갑자기 출현시킨 것이다.

"시민에게 문화를 예술가에게 작업실을." 점거예술을 실천하는 〈오아시스 프로젝트〉의 일환으로 실행한 예술포장마차 '오아시스'. 홍대 앞 '걷고 싶은 거리' 끝자락에 자리 잡고 있었다. 지금은 철거됨. (사진 왼쪽) 예술포장마차의 공동디렉터인 김윤환, 김강 부부가 음식을 준비하고 있다. 문화행동가인 이들은 점거예술인 '스콰트'의 개척자들이다.

김강 씨의 작업실이 있는 철공소 앞 골목에서.
사진 속의 아이는 김강 씨의 딸.

대학로에서는 문화예술위원회가 소유하고 있는 토지를 약 한 달간 점거. 8명의 예술가가 스쾃을 하여 전시회는 물론이고, 콘서트나 토론회도 개최. 토론회에서는 '소유한다는 것' 혹은 '사유私有한다는 것'이란 무엇인가에 대한 토론도 이루어졌다.

"'살아 있는 전시회' 같은 느낌이었어요."
김강 씨는 아티스트다운 표현으로 그때의 일들을 되돌아본다.
그런 그녀들의 노력은 올해 초 《삶과 예술의 실험실, 스쾃》(문화과학사, 2008)이라는 책으로 출판되었다. 저자는 물론 김강 씨. 부제가 꽤 매력적이다. "스쾃하라ㅣ저항하라ㅣ창작하라!"

그녀와 이야기를 나눈 후 나는 방을 나와 건물 밖으로 나가 보았다. 철공소들의 문과 벽에 그려진 형형색색의 그림들과 철공소 주위에 우뚝 솟은 빌딩숲. 문래동의 풍경이 조금 전과는 왠지 달라 보였다. 공간을 변화시키며 이곳에 있는 것 자체가 예술이 되고 저항이 되는 그런 곳. 그렇게 생각하자 재개발에 노출되고 사방이 고층 빌딩들로 에워싸인 이곳의 풍경 전체가 하나의 거대한 예술로 다가오는 느낌이었다. 시대에 뒤처진 채 남겨진 것으로 보이면서 동시에 시대를 훨씬 앞서가는 것 같은 느낌을 받게 되는 신기한 공간. 예술과 철공소가 공존하고, 직인과 아티스트가 서로를 자극하는 곳……

철공소 위에 있는 그녀의 아틀리에에도 가 보았다. 벽을 뚫어 자유자재로 드나들 수 있게 바꾼 아틀리에에는 곳곳에 작품이 장식되어 있었고, 그녀의 파트너인 남성이 작업하는 옆에서는 조그마한 여자 아이가 무선 조종기 같은 작품을 가지고 놀고 있었다. 그이들의 딸이다. 이국의 여행객인 내게 묘하게도 더할 나위 없이 마음이 편하게 느껴지는 공간. 그곳에는 다른 시간이 흐르고 있는 듯했다. 가혹한 약육강식과 생존경쟁으로 점철된 바깥의 세계와는 다른.

아틀리에에 쓰여 있는 글귀 하나.

"We are everywhere!"

정신이 다시 번쩍 든다. 아찔한 스쾃의 세계. 그것은 하나의 예술적 표현이면서, 동시에 새로운 저항의 수단이기도 하다.

(위 사진) 한국의 예술스쾃 멤버들이 활동한 프랑스 프리셰 누라 빼가 골목에 걸린 현수막.
(아래 사진) 문래동 철재상가에 위치한 레버러터리 39에서 열린 바 있는 프랑스 사진작가 실비아 미니의 작품, '자발성과 용기가 빛어내는 자유의 풍경'. 프랑스 스쾃을 대상으로 한 그의 사진전 제목은 〈신도 없고, 주인도 없다〉이다.

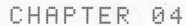

걸으면서 묻는다
– 코뮌을 만드는 연구자들

한국판 고학력 워킹 푸어?

<연구공간 수유+너머 www.transs.pe.kr>를 소개할
차례다.

<수유+너머>를 설명하는 것은 쉽지 않다. 한마디로
말하면 이곳은 연구자들이 공동으로 설립한 <연구와
공동생활을 위한 코뮌commune>이다.(사회변혁을 지향하
는 실험적인 공동체라고 표현할 수도 있겠다.) 본디 분리되
기 십상인 학문과 '사는 것', 이 둘 사이의 조화를 지
향하는 공간이라고 표현할 수 있을까? 음, 왠지 이렇
게 추상적으로밖에 정의할 수 없어 송구하지만, 원래
가 그런 장소니까 어쩔 수 없다.

2008년 7월, 일본의 임팩트 출판사インパクト出版社에

서《걸으면서 묻는다 — 연구공간 수유＋너머의 실천》(金友子編著)이라는 책이 출판되었다. 그 책을 읽고서 개인적으로 많은 관심을 가지게 되었는데, 물론 그 이전부터도 이따금씩 "한국 젊은 연구자들의 재미있는 모임이 있다"는 이야기를 몇 차례 듣고 있던 터였다.

그들을 소개하는 책의 띠지에는 이런 말이 쓰여 있다.
"한국의 재야 연구기관 수유＋너머의 실천 기록 – 지식과 일상이 하나로 겹쳐지고 일상이 다시 축제가 되는 기묘한 실천이 이루어지는 공간. 행복하게 사는 방법을 모색할 수 있는 공간. 혁명과 추구하는 길이 일치하는 비전을 탐색하는 공간.(후략)"

이 역시 추상적? 그러나 이것이야말로 〈수유＋너머〉의 정체성이 지닌 운명일 수 있다. 연구공동체이자 생활공동체이기도 한 〈수유＋너머〉. 60명 정도의 정회원과 200～300명 정도의 세미나 회원들의 회비로 운영되는데, 정회원에는 대학원생이나 대학 강사, 프리터 등이 있다. 일본에서 말하는 고학력 워킹 푸어 비슷한 사람들도 많다고 한

일본에서 간행된 《걸으면서 묻는다 — 연구공간 수유＋너머의 실천》(金友子編, インパクト出版社, 2008)

다. 그런 사람들이 자유롭게 연구할 수 있는 공간. 이런 공간은 대학원을 나와도 좀처럼 갈 곳이 없는 젊은이가 늘고 있는 일본에서도 절실한 것이 아닐까?

<수유+너머>를 찾아갔다.
장소는 서울 남산 근처에 자리 잡은 한 건물. 주소지는 서울시 용산구 용산동 2가 1-206번지. 원래는 학원이었다는 건물의 4층을 통째로 빌려 쓰고 있다.

<수유+너머>의 입구에 걸린 현판.

문을 열자 학교처럼 중앙 복도가 있고 한쪽으로 늘어선 교실에서는 많은 사람들이 각자 책을 읽거나 컴퓨터 자판을 두드리고 있다. 어쩐지 무척 자유로운 학습실 같은 분위기. 여기에는 학습 공간이나 넓은 강의실만 있는 것이 아니다. 요가실, 그리고 무엇보다 중요한 모두가 밥을 먹는 주방, 카페, 육아실, 심지어는 <이주 노동자의 방송migrant workers tv>도 들어와 있는 아주 충실한 자족적 공동체의 모습이다. 그래서 연구공간 <수유+너머>라는 이름 옆에는 <공간플러스+>라는 또 하나의 명칭이 따라붙는다는 것을 기억해야 한다.

먼저 카페로 갔다. <코뮌>이라는 말을 들으면 처음부터 멋진 것과는 거리가 먼 이미지를 떠올리겠지만 이곳의 카페는 정말이지 소박하면서도 멋있었다. 더구나 이 곳에서 생각지도 못했던 사람과 재회하다니. 2008년 7월 홋카이도에서 개최된 도야코洞爺湖 서밋에 반대하여 개최된 반反 G8 캠프에서 함께 했던 앳된 한국인 여성이었다.

나는 무척 놀랐지만, 그녀는 내가 온다는 것을 이미 알고 있었던 모양이다. "캠프에서 함께 카레를 먹을 때 다음 달에 한국에 온다고 했잖아요." 그녀는 영어로 내 시원찮은 기억을 되살려 주었다. 세계가 참 좁지. 문래동에서 배운 대로 표현하자면 "we are everywhere!" 그런 그녀는 〈수유＋너머〉의 정회원으로 현재 카페의 매니저. 로자 룩셈부르크Rosa Luxemburg에 관한 공부 모임도 맡고 있다고 한다.

〈수유＋너머〉에는 교대제로 매니저가 있는데, 카페나 주방 또는 세미나 등을 각 매니저가 담당하여 운영하고 있다고 한다. 코뮌주의라서 당연히 운영도 모두 자신들이 직접 하는 것을 원칙으로 삼고 있다. 그러나 이들은 이곳 코뮌에만 갇혀 있지 않다. 〈수유＋너머〉의 멤버가 반G8 캠프에 왔다는 데서도 알 수 있듯이 그들이 활동하는 장이나 흥미의 대상은 연구에만 머물러 있지 않다.

홋카이도에서 열린 반G8 시위. 여러 나라에서 온 사람들이 함께 시위에 참가하였다.

'선물膳物 경제'라고 하는 것

카페에서 느긋하게 쉬고 있는데, 한 남성 회원이 내부를 둘러볼 수 있도록 안내해 주었다. 4층의 한쪽에는 세 개의 커다란 강의실과 세 개의 세미나실, 그리고 공부방 등이 이어져 있다.

처음으로 간 곳은 주방 겸 식당. 점심을 준비 중인 주방에서는 한국인 젊은이 몇 명과 젊은 백인 남성이 요리를 하고 있었고, 주방 전체에는 그들이 만들어내는 맛있는 냄새가 떠돌고 있었다. 이곳에서는 점심과 저녁 식사가 제공되는데 가격은 한 끼에 1,800원. 왜 그렇게 싼 것일까? 그 이면에는 그들 특유의 '선물경제'라는 개념이 작용하고 있기 때문이었다. 안내해 준 남성이 말한다.

"작년(2007)부터 우리는 돈을 내고 쌀을 사먹지 않습니다. 대부분이 선물인데 쌀, 수박, 옥수수, 김치 등이 들어옵니다. 우리에게 음식물을 보내주는 농촌 커뮤니티가 있습니다. 그곳에서 생산된, 상처가 있어 시장에 내어놓을 수 없는 먹거리를 우리에게 보내줍니다. 대신 여름에는 우리가 그 커뮤니티에 도움을 주러 가고, 우리 학술제에 초대하기도 합니다."

스무 명 정도가 앉을 수 있는 식당 한 구석에는 중고품 옷가지나 잡화가 놓여 있는 공간이 있다. 프리마켓free market이라고 한다. 그런데 가격이 없다. 갖고 싶은 것이 있으면 자기 마음대로 가격을 정하고, '얼마에 가져갔다'는 메모만 남기면 되는 구조라고 한다. 멋진 재활용 정신!

각 교실에는 평일 낮인데도 남녀노소가 강의를 듣고 있고, 공부방에서는 젊은이들이 책을 읽고 있다. 여성이 많은 교실 앞에서 안내해준 남성이 말한다.

"이 방에서는 지금 여성단체가 'IMF 위기 이후 욕망의 변화'에 대한 강의를 진행하고 있습니다. '안정에 대한 욕망'과 '주식투자'를 비교하면서 이야기를 하고 있네요."

그러나 주눅 들어서는 안 될 것. 이곳에는 딱딱한 강의만 있는 건 아니다. 4층 한쪽에는 130평방미터쯤 되어 보이는 요가실도 있는데, 여기서는 '요가교실'을 열어 수강생들을 받고 있다. 또한 2주에 한 번, 이 요가실에서는 전체 운영에 관한 회의가 열린다.

"줄 것이 하나도 없을 만큼 가난한 사람도 없고, 더 이상 받을 게 없을 만큼 풍족한 사람도 없다. 주고받기의 흐름에는 경계가 없다는 뜻이다. 어차피 선물을 준 이들에게 고스란히 갚을 길은 없다. 가능하다 해도 별 의미도 없고, 대신 그 선물들이 가능하게 해준 능력과 행복을 더 많은 이들과 나누면 된다. 증여란 바로 이런 것이다. 주고받음이 맞물려 계속 새로운, 그리고 강렬한 울림을 만들어 가는 것. 흐름이 흐름을 불러 동심원처럼, 혹은 전자파처럼 멀리 멀리 퍼져 나가는 것……." - 고미숙의 글에서.

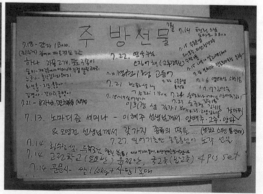

(오른쪽 사진) 식당 게시판에 다른 커뮤니티로부터 온 '선물'들이 적혀 있다.
(위 사진) 프리마켓에 나와 있는 물건들.

중앙 복도 벽에는 〈수유+너머〉의 선언문이 한글, 영어, 일본어, 중국어, 이렇게 4개 나라 언어로 쓰여 있다.

"서로에게 선물이 될 것! 연구공간 수유+너머는 좋은 지식과 좋은 삶을 일치시키는 연구자들의 자유로운 생활공동체입니다."

"서로에게 선물"이 되자는 말. 이는 분명 〈수유+너머〉를 이해하는 커다란 키워드인 것 같다. 더욱 흥미를 끄는 것은 게시판에 붙어있는 수입과 지출 내역이었다. 내가 본 것은 7월의 수입과 지출 내역. 1원 단위까지 꼼꼼하게 적혀 있다. 이 건물 한 층의 임대료가 1,200만 원. 이 이외에 드는 비용이 매월 200~300만 원 정도. 이것들을 지불하고 나서 매월 100만 원씩 적립하여 저금하고 있다고 한다.

수입의 25퍼센트는 정회원의 회비. 회비는 월 4만 원에서 20만 원. 이 범위에서 자신의 회비를 정한다. 좀 더 올리는 것도 내리는 것도 불가능하다. 회비에 상한선이 있는 것은 돈을 많이 내는 사람이 특권

화 되는 것을 막는다는 의미도 있고, 또 그 사람이 없을 때 수입이 불안정해지는 것을 막기 위해서이기도 하다.

이와는 별도로 특별회비가 있다. 책의 인세나 강사료로 많은 돈이 들어왔을 때 내는 것인데, 이 특별회비도 아무런 조건이나 권리가 따라붙지 않는 말 그대로 '선물'이다.

회비 이외의 수입은 세미나 회원의 회비. 월 1만4,000원으로 이곳에서 열리는 모든 강의를 들을 수 있다. 그 밖의 수입으로 카페나 식당, 서적 판매수익이 있다.

"돈에 여유가 있었던 적은 없습니다만, 돈 때문에 무엇인가를 할 수 없었던 적도 없습니다."《걸으면서 묻는다》에 쓰여 있는 말이다. 강사료 지급도 〈수유+너머〉의 독특한 방식이 있다. 돈이 필요한 강사에게는 많이 지급하고, 그다지 돈이 필요 없는, 오히려 강의를 하게 해주는 것이 자신에게 선물이라는 사람에게는 강사료를 지급하지 않는다는 것이 그것.
그러면 〈수유+너머〉의 회원은 어떻게 하면 될 수 있을까?
"1년간 함께 활동하며, 연구공간으로만이 아니라 생활공간으로 이 환경을 잘 사용할 수 있는 사람이 회원이 될 수 있습니다. 그러나 회원이 아니어도 이곳을 이용하는 것은 전혀 문제가 되지 않습니다."
빠트릴 수 없는 것 한 가지. 〈수유+너머〉에는 낮잠을 자는 방도 완비되어 있다. 50평방미터 정도의 방. 이불이 놓여 있는 방 앞에서 예의 안내해 준 남성이 말한다.

"공부하는 데는 낮잠이 필요하니까요."

빈틈없이 잘 짜인 공간이다.

〈수유+너머〉의 식사법, 그리고…

이제 점심시간이다.

모두가 줄을 서서 상자에 1,800원을 넣고, 각자가 좋아하는 만큼 자신의 접시에 음식을 담는다. 요리는 채식주의자도 먹을 수 있도록 고기나 생선을 쓰지 않는다.

오늘 메뉴는 가지볶음, 야채가 들어간 계란말이, 김치, 으깬 감자, 그리고 밥과 야채가 듬뿍 들어간 국. 맛있다. 손수 만든 이런 음식

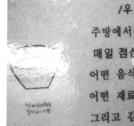

/우리 주방을 소개합니다/

주방에서는 연구실 친구들이 함께 □□□ 지어먹고 있습니
매일 점심(12:00-13:00)과 저녁(5:30-6:30). 한끼 1800원
어떤 음식이든 맛있게 먹을 준비가 되어 있는 사람들과
어떤 재료든 훌륭한 음식으로 변신시킬 사람들,
그리고 김치며 쌀과 각종 반찬, 과일 등을 나누려는 마음들로
주방은 늘 시끌벅적합니다.
□을 먹을 때에는 즐겁게 마음껏 드시고, 다음 사람을 위해
□거지와 자리정리를 합니다. 참, 다 먹고 나서는
□□으로 접시를 닦아 먹습니다. 남기지 말자는 뜻에서입니다.
□리의 살과 피가 되어주는 음식들에 대한 예의이자
□리의 식탁에 오르기까지 애쓴 모든 존재들에 대한 고마움의 표현입니다.
□가 말을 하러 오셔도 좋습니다.   □□□ 양념은 웃음입니다.

을 1,800원에 먹을 수 있다니! 농촌공동체로부터 선물 받은 음식이
기 때문에 남기는 것은 금물. 마지막에는 접시에 남은 국물도 빵조
각으로 닦아 먹고, 자신이 사용한 접시는 반드시 자기가 씻는다. 누
구라도 당연히 그렇게 해야 한다. 그런 뒤 각자 연구나 강의 장소로
돌아간다.

점심시간 후 〈수유＋너머〉 회원들과 교류 모임을 가졌다. 모인 사
람은 10명 정도. 그 대부분이 20대와 30대. 내가 일본에서 비정규
직 노동에 대한 취재나 운동을 하고 있다고 소개하자 여기저기서
질문이 날아든다.

"일본 비정규직 운동의 최대 목표는 정규직이 되는 건가요?"
"한국의 이랜드 사태와 같은 비정규직에 대한 대량 해고가 일본에도
있었습니까?"
"비정규직들을 어떻게 조직하는 건가요?"

나는 2008년 5월 도쿄에서 행해진 '자유와 생존의 메이데이 2008 –
프레카리아트는 증식/연결된다' 라는 이름을 붙인 '사운드데모' 영상
을 보여주었다. 그리고 일본에서의 새로운 사회운동의 성격과 현황
에 대해 설명했다.

비록 소수이지만 과거의 사회운동이나 정치조직에 기대지 않는 젊은
이들 자신의, 비정규직 스스로의 당사자 운동이 시작되고 있다는 것.
그리고 새로운, 독자적인 노조들이 만들어지고 있다는 것. 여기에는
젊은이나 비정규직만이 아니라 장애를 가진 사람이나 노숙자 등도
많이 참가하고 있다는 것. 무엇보다도 이 운동의 지향은 정규직이 되
는 것이 아니라, '일하는 것', '살아가는 것'의 의미를 근본에서부터
다시 묻는 측면이 포함되어 있다는 것. 다시 말해 문화운동적인 측면
을 강하게 포함하고 있다는 것. 시작부터 이 운동은 목적의식적인 조
직화에서 비롯된 것이 아니라 자연발생적으로 시작되어 전국으로 확
대되어온 운동이라는 것. 이 과정에서 전통적인 의미에서 좌파나 우
파의 경계가 의문시되고 허물어지면서 운동의 새로운 주체를 형성해
간다는 것 등에 대해서.

참석자들은 한국의 상황에 대한 고민을 이야기해 준다. 한국에서 노
조라면 역시 기본적으로 정규직 중심. 비정규직들은 모이는 장소도
마땅치 않고, 고용 자체가 불안정하기 때문에 처음부터 어떻게 해야
연대할 수 있는지 몰라 일사분란하게 움직일 수도 없는 상황에서 여
전히 태동기에 머물러 있다는 것이다. 심지어 한국에서는 정규직 노
조가 강하면 강할수록 비정규직의 상황은 더 심각해진다는 데이터도
있다는 것. 한 정규직 남성이 말한다.

CHAPTER 84

"상황이 불안정해질수록 대립이 만들어집니다. 당연히 회사 측에서는 그것을 이용하지요. 사실은 비정규직의 대우가 개선되면 정규직한테도 이익이 될 터인데, 왠지 현실은 그렇게 되지 않고 오히려 불안감이 서로를 적대하게 만드는 상황이 만들어지는 거지요. 정규직이 비정규직을 배제하는 경우도 허다합니다. 물론 자신들의 이해와 직접 관련이 없는 한에서는 비정규직에 대해 우호적이지만, 자신의 직장에서 그리고 자신과 직접 관계가 있는 문제가 발생하면 갑자기 상황이 달라집니다. 한마디로 자기 자리부터 지키려드는 모습을 보이는 거지요."

그러나 정규직과 비정규직을 둘러싼 상황은 일본도 한국과 크게 다르지 않다. 그러므로 새로운 운동은 산다는 것의 의미를 다시 묻는 것에서부터 시작하는 것.

'학문'과 '살아가는 것'

이날 교류 모임에는 〈수유＋너머〉의 '촌장'이라 불리는 고병권 씨도 자리를 함께 했었다. 그는 〈수유＋너머〉의 역사를 돌아보면서 이 공간의 성격에 대해 설명해 주었다.

"수유＋너머는 10년 전에 만들어졌습니다. 한국에는 원래 제야 연구자가 많아서 그때도 대학에서 해고당한 연구자는 개인적으로 연구실을 만들기도 했습니다. 대학 바깥에서 자유롭게 연구하고 싶어 하는 사람들은 대학이라는 공간이 오히려 자유로운 연구를 방해한다는, 더 정확히 말한다면 장애가 된다는 인식 하에서 대학의 존재방식을 비판하는 형태로 연구실 혹은 연구소들을 만들었습니다."

그러한 맥락에서 1997년, 국문학 연구자인 고미숙 씨가 먼저 공부방을 개설했다. 많은 젊은 연구자들이 이곳에 합류하기 시작했고, 그것이 바로 〈수유+너머〉의 시작이다. 고병권 씨는 말을 이었다.

"일본에서도 그렇다고 생각합니다만 대학교수가 되는 것은 굉장히 어렵지 않습니까? 물론 계속해서 연구자로 살아가고 싶기는 하지만, 대학 교수가 되지 않고서도 그리할 수 있는 방법은 없을까? 또 한편으론 교수가 되고 싶지 않다는 생각을 가지고 있는 사람도 있을 수 있습니다. 어쨌든 대학이라는 제도 안으로 들어가지 않고 어떻게 하면 연구를 계속할 수 있을까 하는 문제의식은 상당히 공유되고 있었던 셈이지요.

〈수유+너머〉에서 '추장'으로 불리는 고병권 씨와 그가 2007년에 출간한 책 《고추장, 책으로 세상을 말하다》(그린비, 2007)

더 나아가자면 기본적인 문제의식은 이런 겁니다. 학문적인 지식이 삶과 분리되어 있다는 것. 일반적으로 유통되고 있는 지식은 살아 있는 것을 대상화하는 형태의 것일 뿐 삶 자체와 유리되어 있다는 것. 그런 형태의 지식 생산을 비판적으로 파악하는 것이 문제의식의 출발이 된 것이지요. 그렇다면 연구자로 살아가는 것은 어떤 것인가? 예를 들어, 연구자는 어떻게 먹고 사는가? 어떻게 공간을 사용하는가? 이런 문제의식으로 나아가게 되는데, 그 물음에 대해 어떻게 대답해 나갈 것인가? 그 대답을 찾으면서 운영해 왔다고 할 수 있습니다."

그런 의미에서 본다면 〈수유+너머〉의 실천 자체가 "연구자로 살아가기 위한 모색"이라고 할 수 있을 것이다.
"연구자로서 함께 모여 밥을 먹거나 공부하는 것이 어떤 의미에서 하나의 출구, 하나의 해결책이라고 생각한 것입니다."

그런 그들이 내세우는 것은 '코뮌주의'다.
"코뮌을 만드는 것은 삶의 문제이기도 하고, 돈도 없고 권력도 없는 사람들이 어떻게 함께 공부를 계속할 수 있을까 하는 데서 출발한 연구자들의 '생존'에 관한 문제입니다. 이런 의미에서 코뮌주의를 이념으로 받아들이는 것인데, 무엇보다 이는 살아가기 위한 하나의 방안이라는 점을 강조하고 싶습니다."

코뮌을 운영해 나가기 위해서는 다른 코뮌도 필요하다. 그 중 하나가 앞에서 말한 〈수유+너머〉에 쌀이나 야채를 보내주는 농촌 사람들이

다. 한국에서는 농촌이 해체되면서 오히려 '귀농歸農' 활동이 활발해
진 바 있는데, 그에 따라 농촌으로 돌아가 자급자족하는 사람들의 공
동체가 생겨났다고 한다. 그런 농촌 코뮌들과의 관계를 통해 먹을거
리를 선물 받는 것이다.

하나의 코뮌만으로는 살아갈 수 없다. 자기가 갖고 있는 것을 서로
선물하고 교환하며 연결되어가는 코뮌은 사람들의 삶을, 관계를 어
떻게 변화시켜 나갈까? 관심을 가지고 지켜볼 일이다.

이 코뮌에는 '권력자'라는 의미에서 한 사람의 리더가 없다. 서두
에서 말한 것처럼, 카페나 주방, 강좌, 이들 각각에는 매니저가 있
다. 그러나 제도적으로 역할이 고정되어 있는 것은 아니다. 매니저
도 교대제다. 자신이 입후보하는 경우도 있고 추천을 받는 경우도
있다. 무엇보다 특정 리더가 없다. 무엇보다 권력과 전위를 거부하
는 것이 이 코뮌을 지켜가는 기반이다. 다들 '추장'이라며 따르는
고병권 씨도, 1980년대부터 마르크스주의 사상가로 명성을 떨쳤던

"가르치는 자와 배우는 자가 구별되
고, 지도자와 추종자가 구획되는 한 그
것은 아직 코뮌이 아니다. 그러한 선들
이 서로 교차할 때, 그리하여 누구나
하나의 중심이 될 수 있을 때 비로소
그 조직은 '코뮌적' 신체가 된다."
- 고미숙의 글에서.

이진경(서울산업대학) 씨(왼쪽 사진)와 〈수유+너머〉의 모태가 된 공부방을 먼저 개설했던 인문학
자 고미숙 씨.

이진경 씨도, 고미숙 씨도, 엄밀한 의미에서 여기서는 권력으로서의 리더와 거리가 멀다.

"이 공간의 문을 통과하면 정해진 리더는 아무도 없습니다. 어쨌든 그때 그 사람의 능력으로 할 수 있는 일을 하는 것이 가장 이상적이고, 실제로 그렇게 운영되고 있습니다."

교도소에서의 인문학 강의

〈수유＋너머〉에 참가하는 회원의 연령층은 다양하고 한국인에만 한정되지 않는다. 정회원은 가장 어린 축이 20대 중반, 가장 나이가 많은 축은 40대 후반 정도. 여기에는 일본인도 있다. 세미나 회원은 어린이에서부터 노인까지 말 그대로 전 연령층이다. 당연히 외국인도 있다.

구성만큼이나 활동도 다양해 졌다. 〈수유＋너머〉 회원들은 연구만이 아니라 정치적인 운동에도 관여하고 있다. 그래서 최근에는 〈한국학술진흥재단〉으로부터 "학술단체가 아니라 정치단체가 아닌가"라는 지적을 받기도 했다. 그런 말을 듣게 된 계기는 2006년 한미 FTA(자유무역협정)에 반대하는 운동을 적극적으로 했다는 것. 전라도에서 서울까지 2주간에 걸친 대행진. 도중에 농민이나 어민, 이주노동자, 불안정 노동자들과 만나 그 자리에서 즉석 좌담회나 토론을 진행하기도 했다.

이것을 계기로 다양한 운동단체들과의 교류도 생겨났다. 최근에는 미국산 쇠고기 수입에 반대하는 촛불집회나 '이랜드 투쟁'에도 참가하고, 이주노동자 노조도 적극 지원하고 있다. 참여방식도 일률적인 것은 아니다. 집단으로서의 〈수유＋너머〉로 관계하고 있는 운동도 있고, 참여하고 싶은 사람이 개인적으로 개입하고 있는 운동도 있다. 고병권 씨는 이렇게 말한다.

"모두가 이런 생각에 동의할지는 모르겠습니다만, 일상생활에서 벗어난 운동방식보다는 일상과 연결된 운동방식을 많이 고민해야 한다고 생각합니다. 예를 들어 가두투쟁 같은 것은 필요하지만 일상생활의 연장은 아니니까 단절적이 되지요. 반면 일상생활 안에서, 지속성을 갖고 할 수 있는 운동이 있다고 생각합니다. 예컨대 우리는 서울

제2회 국제워크숍에서 강의하고 있는 우카이 사토시鵜飼哲(일본 히도츠바시 대학) 교수와 워크숍 풍경.

의 빈곤 지역에 가서 그곳 아이들에게 공부를 가르치고 있습니다. 또는 이랜드 투쟁의 경우에도 데모나 집회에는 그다지 참가하지 못합니다만 그들과 인문학 교류는 하고 있습니다. 뿐만 아니라 우리는 교도소에서 인문학 교류를 하는 일도 시도하고 있습니다. 일상생활 속에서 가능한 형태의 운동, 살아가는 것과 운동을 일치시키는 운동을 고민하고 있는 것이지요."

교도소에서의 인문학 교류라. 무척 흥미로웠다. 그것은 이야기하는 자나 듣는 자 양측 모두에게 대단히 자극적인 체험이 되었을 것 같다. 고병권 씨가 말을 이어 갔다.

"올해(2008)부터 본격적으로 시작했습니다. 그런데 막상 해 보니까 역시 서로에게 쩔쩔맵니다(웃음).
기본적으로 교도소는 기독교를 포함한 종교들의 선교 장소가 되어 있습니다만, 좀 극단적으로 말하여 그것은 갇힌 자들에게 별 도움

도 되지 않고 아무런 의미도 없다고 생각합니다. 인문학이 가장 필요한 것은 사실 가난한 사람들입니다. 왜 자신이 지금 이런 상황에 있는가를 이해하게 해주는 것이 인문학이니까요. 그런데도 그것을 접할 기회가 적습니다. 전무했다고 해도 과언이 아니겠지요. 교도소에서 강의를 들은 사람 중에는 이런 말을 하는 사

람도 있었습니다. '내가 밖에 있었다면 절대 이런 건 듣지 않았을 겁니다. 그럴 시간이 있으면 잠이나 잤을 겁니다' 라고요. 이것을 계기로 공부를 하게 된 사람도 있다는 이야기도 들었습니다."

"원래 교회의 선교사가 하는 강의는 일종의 위로 같은 것입니다. 하지만 인문학 강의는 대부분의 사람들이 마음에 불편함을 느낍니다. 자신의 인생을 돌아보는 일이 되니까요. 선교사의 이야기를 들은 뒤에는 다들 조용합니다. 기도를 하기도 하고. 하지만 인문학 강의가 끝난 뒤에는 다들 밤을 새며 토론을 하거나 싸움을 하거나 그렇게 됩니다. 나는 그런 것이 인문학의 힘이라고 생각하고, 또 인문학이 줄 수 있는 선물이라고 생각합니다."

열심히 설명을 해 주던 고병권 씨는 "일본에서도 이런 사례가 있나요?" 하고 나에게 물었다. 들어본 적이 없는 이야기였다. 해서 나는 내가 아는 한은 없다고 대답했다.

일본에서 외부인이 교도소에 들어가는 것은 위문 콘서트 정도가 아닐까? 이 역시 '위로'를 중심으로 한 것이기 때문에 자신이 살아온 내력이나 자신이 저지른 범죄에 대해 생각하게 하는 인문학 강의와는 거리가 멀겠다. 게다가 대학교수라는 명함을 가진 사람이라거나 '교화教化'와 관련이 있는 직업을 가진 사람이면 모르겠으되, 〈수유+너머〉와 같이 제도권 밖의 연구자 모임을 교도소에 들어갈 수 있게 한 사례는 관료주의가 완강하게 자리 잡고 있는 일본에서는 상상하기 힘든 일일 것이다.

이번에는 내가 물었다. 그건 그렇고, '코뮌'이라는 말은 그 자체로 일본에서 '어딘가 수상쩍다'는 반응을 불러오기 쉽다. 뭔가 컬트 집단 같은 뉘앙스를 갖게 하기 때문인데, 한국에서는 어떤가? 이 지점에서 고병권 씨는 잠시 고민이 되는 표정을 짓는다. 다음은 그의 대답이다.

"일본의 경우는 '전공투全共鬪' 시대 말기에 있었던 사건에 의해 부정적 이미지가 강하다고 생각합니다. 한국의 경우 운동에 대한 부정적인 이미지가 그처럼 크지는 않습니다. 또 지금까지 공동체 운동이 없었기 때문에 오히려 부정적으로 보이지 않는 측면이 있는 거겠지요. 대안적인 연구공간 같은 것은 이전부터도 많이 만들어져 왔습니다. 그러나 그곳은 공부하는 공간으로서만 기능할 뿐이고, 공동의 삶이라든가 하는 고민은 전혀 없었습니다. 지식인 코뮌 같은 것은 굉장히 드물거나 거의 없었기 때문에 지금 수유+너머가 크게 주목을 받고 있는 것일 겁니다. 물론 비난하는 사람들도 있습니다. '그래서 세상이 바뀔 것 같으냐'라든가, '너무 폐쇄적인 거 아니냐', '언제까지 갈 것 같으냐'라고 말하는 사람들도 있습니다. 하지만 어쨌든 10년간 해왔고……. 오래 한다고 좋은 일인 것만은 아니겠지만 말입니다."

전공투는 전학공투회의全学共鬪会議의 줄임말로 1968년 무렵의 대학 투쟁 시기에 일본 각지의 대학으로 구성된 학생운동 조직이다. 여기서 말하는 전공투 시대 말기에 있었던 사건이란 예컨대 1970년대 들어 적군파赤軍派에 의한 요도호 납치 사건이나 연합적군連合赤軍에 의한 아사마 산장浅間山荘 사건 등 과격한 운동에 의해 급진적인 학생운동이 급속하게 지지를 잃게 됨으로써 전공투가 사실상 붕괴된 것을 말한다.

이들이 쓴 책 《걸으면서 묻는다》에는 그간 자신들의 활동을 설명하는 근사한 말이 몇 구절 나온다.

"10년간의 연구실의 시도는 어쩌면 실험의 과정에 지나지 않는다. 게다가 '지금까지 없었던 방법으로 실패하는 것'을 즐기고, 거기에서 가능성을 발견하면서……자신들조차 무엇을 해나갈지 예상도 할 수 없는 것, 그거야말로 이 공간의 참모습이다."

나는 이러한 진술들이야말로 오늘에 이르기까지 이들의 시도가 무엇이었는지를 잘 표현해 준다고 생각한다. 그렇다면 이들이 내면적으로, 혹은 궁극적으로 지향하는 것은 무엇일까? 불순한 질문이라고 생각하면서도 불쑥 물어 보았다.

"최종 목표라는 설정은 하고 있지 않습니다. 오히려 뭔가를 해나가는 과정 자체가 목표라고 할 수 있을 겁니다. 최종 목표를 설정한다는 것은 '지금은 불가능하다'는 것이 전제가 되는 것이니까요. 즉 '연기'를 해야 하는 것인데, 그리 하고 싶지 않다는, 아니 하지 않겠다는 게 우리들의 생각입니다."

"예를 들어 공산주의는 먼 미래에 온다고 설정되어 있지 않습니까? '지금 여기서는 불가능하다'라는 것이 전제된 것인데, 하지만 코뮌적인 관계를 만들어 간다면 '지금 여기서도 그것을 실현할 수 있다'

는 생각이 가능해 집니다. 그래도 굳이 최종 목표를 말하자면 '자본주의 사회에서도 자본주의와 다른 삶이 가능하다는 것을 믿는 것 이'라는 정도일 것입니다.

말하자면 자본주의 내부에 외부를 만들어내는 것이지요. 살벌한 자본주의 사회에서 시달리고 있는 사람들에게 그런 외부를 만들 수 있다는 것을 알게 하고, 그런 삶을 살 수 있도록 촉발하는 것이 우리의 과제이고 목표라고 말할 수 있습니다. 자본주의 사회에 무수한 외부를 만들 수 있다는 것을 보여주고, 또한 그렇게 할 때 비로소 자본주의 사회와도 어떤 의미에서 연대해 가는 것이 가능하다고 생각합니다."

연구자들의 공동생활의 장이자, 삶과 운동을 연동聯動시키는 공간이며, 각자가 지닌 '선물'의 교환으로 성립하는 〈수유+너머〉. 이념도 흥미롭지만, 그러나 내게는 그보다도 남녀노소가 함께 모여 밥을 먹거나 강의를 듣거나 세미나를 하거나 토의를 하는, 그런가 하면 아이들이 놀거나 낮잠을 자거나 요가를 함께 하기도 하는, 그런 눈 앞의 '잡탕' 같은 공간의 풍경이 기적같이 생각되었다. 젊은이도 있고 외국인도 있는, 강의에 따라서는 어린이도 오고 고령자도 참가하는, 그래서 각자 자신이 하고 싶은 공부를 할 수 있는 곳. 그런 '꿈의 공간'이 무수한 실패를 거듭하며, 오히려 그것을 양식으로 자라 10년이나 지속되어오고 있다. 분노만으로도, 과학만으로도 세상을 변화시킬 수 없다는 전 세대의 교훈을 아는 이들의 새로운 실험에 박수를!

두 장에 걸쳐 나는 한국에 와서 내가 만난 두 개의 실험적인 공동체에 대해 이야기하였다. 문래동 철공소를 근거 삼아 젊은 아티스트들과 더불어 예술적 저항을 계속하는 김강 씨와 연구자들의 코뮌 〈수유+너머〉. 내가 느끼는 이들 집단의 가장 큰 특징은 전자나 후자 모두 진정한 의미에서 행동주의자라는 점이다. 아티스트의 입장에서, 그리고 연구자·지식인의 입장에서 '지금' 할 수 있는 일을 찾아내고. 그 틈새(외부)에서 다른 삶의 방식과 미래를 그려내려는, 무엇보다 세계를 조금이라도 마음 편한 장소로 만드는 방법을 고민하고 실천하는 사람들……

그들이 그려내고 있는 '세계'는 너무나도 자유로워서, 그들과 이야기를 나눈 뒤에는 어쩐지 나의 뇌가 다른 대기를 통과한 기분이 들었다. 조금만 방심해도 딱딱하게 굳어지고 마는 내 자신의 생각을 근본에서부터 다시 묻게 하는 그런 언어와 표정들과의 만남.

우리는 지금보다 더 당당하게, 자유롭게 세계를 상상하고 그려 보아도 된다. 그들과 얼굴을 마주하고 이야기를 나누며 몇 번이고 나는 그런 생각을 했다.

"코뮌주의란 우리가 미래에 도달해야 할 어떤 장소나 상태가 아니라 지금의 현실을 종식시켜 나가는 살아 있는 노동의 현실적 힘이며 바로 지금, 우리 시대에 내재하고 있는 울림이 된다."   - 고미숙의 글에서.

영화 〈파리코뮌〉(2000) 포스터.

"산을 움직일 시간은 없다.
산을 움직이기 위해 온 것도 아니다.
그러나 시를 지을 만큼의 시간은 있다.
이 세상에 살고 있는 권리에 대해
'싫다'고 말할 수 있는 권리에 대해"

−네이탄 제크, 〈어떤 거부의 노래〉 중에서

CHAPTER 05

일본 헌법 9조의 그림자
– 한국에서 병역을 거부하는 젊은이들

신체검사에서의 등급 판정

그의 명함에는 한자로 '평화활동가'라고 쓰여 있었
다. '전쟁 없는 세상www.withoutwar.org'이라는 단체에
서 활동하는 스물여덟 살의 임재성 씨. 한국에서 그
에게 붙여진 이름은 '병역거부자'이다.

한국의 병역제도(징병제)에 대해 일본에 사는 우리는
그다지 많은 것을 알고 있지 못하다. 나 역시, 여성
이기 때문이기도 하지만, 간혹 듣게 되는 한국의 병
역거부 문제를 지금까지는 솔직히 나와 관련이 있는
실감나는 문제로서 받아들이지 못하고 있었다.

임재성 씨와 만났을 때, 그가 처음부터 내게 일깨워 준 것은 이 문제(한국의 군사주의와 병역거부 문제)가 일본인인 나와 결코 무관하지 않다는 사실이었다. 2008년 5월 일본에서 열린 '9조 세계회의global article nine conference to abolish war(www.whynot9.jp)'에 참가한 그는 한국의 병역거부 문제를 단호히 '일본 헌법 9조의 그림자'라고 말했다.

"이 문제는 한국의 특수한 소수자 문제가 아니라, 전후 동아시아의 군사, 안전보장 문제라고 말해도 좋을 겁니다. 한국, 중국, 타이완, 일본이 밀접하게 관련된 안보 문제의 그림자 부분이라는 것이지요. 그러므로 자신과는 멀리 떨어진 문제가 아니라, 일본/일본인이 관련되어 있는 자기 자신의 문제라고 생각해 주었으면 합니다."
한국의 스물여덟 살 젊은이가 일본인에게 던지는 너무도 중요한 메시지가 아닌가. 나만의 생각일까?

1980년에 태어난 임재성 씨는 한류 열풍의 주인공인 배용준과도 약간 닮은 잘 생긴 청년이었다.

평화활동가 임재성 씨.

그를 취재하기로 예정된 날, 그는 학생운동의 동료였던 친구와 함께 약속 장소에 도착했다. 서울대학교 근처에서 함께 삼겹살을 먹는 동안 그는 왜 자신이 병역을 거부했는지 내게 말해주었다. 여기서 잠깐. 그의 말을 옮기기 전에 먼저 한국의 징병제에 대해 짧게 설명해 둘 필요가 있겠다.

한국에서 남성은 만 19세가 되면 전원이 신체검사를 받아야 한다. 그리고 판정 결과 1~5급까지의 '등급'이 매겨지게 된다. 1~3급까지는 '현역 입영'. 복무 기간은 2~3년인데 육군과 해군과 공군이 조금씩 다르다. 4급은 군대에는 가지 않고 '공익근무'. 관공서나 국가 시설에서 해당 공무원들의 근무를 보조하는 일을 한다. 그리고 5급은 면제. 임재성 씨는 먼저 이 등급 자체의 문제점에 대해 말한다.

"먼저 이런 신체검사 자체가 갖고 있는 비인권적인 측면이 있습니다. 사람의 신체에 등급을 매기는 일. 4급이 되면 뭔가 문제가 있는 사람, 5급이 되면 이상한 사람이거나 문제가 많은 사람이라는 식으로, 사람들은 그 사람을 편견을 가지고 보게 됩니다."

임재성 씨 옆에서 학생운동 동료라는 그의 친구가 쓴웃음을 짓는다. 왜 웃느냐고 물었더니 그의 친구(이름은 김영진)는 그 신체검사에서 5급을 받았다고 한다. 그는 웃고 있었지만 우리는 어떤 반응을 보여야 좋을지 몰라서 무척 어색하다. 그런데 왜 그가 5급이지? 전혀 그렇게 보이지 않는 건강한 젊은이인데. 하지만 "왜요?"라고 물을 수도 없다. 아아, 하지만 이 어색함이야말로 바로 '비인권적'이라는 말의 의미를 사무치게 실감케 해 주는 지점 아닌가.

그러면 징병의 시기는? 하고 물었다. 사람에 따라 입대 시기는 제각기, 미묘하게 다르다고 한다. 대학에 가지 않으면 대체로 20세 전후에 입대. 대학이나 대학원에 가면 졸업할 때까지 자동적으로 연기가 된다. 현역으로 입대하게 되는 것은 29세까지. 해외 유학 등으로 국외로 가서 30세를 넘기고 귀국한 경우에는 공익근무를 하게 된다.

그러면 20대의 2~3년을 군대에서 보내야 하는 것은 취직을 비롯한 사회생활에 좋지 않은 영향을 미치지는 않을까? 예컨대 애써 희망하는 직장을 잡은 사람이 군대에 가야 하는 경우는 어떻게 될까? 물어 보니 뜻밖의 답이 돌아온다. 내게는 아주 놀랄 만한 이야기인데 그는 아주 담담하게, 건조하게 말한다.

"대부분의 회사는 이미 병역을 마친 사람을 채용합니다. 그러니까 기본적으로 군대에 가기 전이라면 당연히 좋은 직장을 잡을 수 없는 거지요. 한국 남성에게 군대에 갔다 왔는지, 또 어떤 형태로 갔다 왔는지는 평생 따라다니는 문제입니다. 취직할 때도 군 복무 경력을 입증하는 서류가 필요합니다. 그러니까 군대에 가지 않겠다고 선택하면 보통의 사회생활을 포기할 수밖에 없는 상황으로 자신을 놓아두는 상태가 되는 겁니다. 어떤 의미에서 군대에 가지 않는다는 것은 사회적으로 죽은 목숨이나 다름없습니다."

그렇구나…… 어떤 나라에선 사회적으로 부차적인 일이, 다른 어떤 나라에선 사회적인 생명을 좌우하는 엄청난 일이 되기도 하는구나.

병역거부의 역사

한국에서 '병역거부'의 역사는 약 60년 전으로 거슬러 올라간다. 1949년 한국에서는 '병역법'이 성립. 이 해에 해당 연령의 남성들에 대한 실제적인 신체검사가 이루어졌는데, 108만 명 이상의 병력을 갖지 못하도록 미국이 정책적으로 가이드라인을 정하여 억제한 탓으로 본격적인 징병이 실시되지는 않았다. 한국전쟁이 끝나갈 무렵인 1953년 비로소 본격적인 징병제도가 시작되었고, 그것과 동시에 처음으로 병역거부자가 나타난다.

최초의 병역 거부자는 〈여호와의 증인〉 신자들이었다. 그리고 또 하나는 〈제7일 안식일 예수재림교회〉라는 또 다른 그리스도교계의 종교단체. 이 두 종파의 신자들은 한마디로 그들이 믿는 종교상의

여호와의 증인 이 종파 신도들의 병역거부로 인한 피해는 일제강점기로 거슬러 올라간다. 이들은 천황 숭배와 타협하지 않아 신사참배에 참여하지 않았으며, 일명 '등대사(파수대) 사건'(1939)때는 서대문 형무소에서 교인 2명이 옥사했고, 14명이 옥고를 치렀다. 이들이 군대를 안 가려는 이유는 "내 이웃을 내 몸처럼 사랑하라" "원수를 사랑하라" 등 성서의 생명 존중의 가르침을 실천하기 위함으로 알려진다.

미국에 본부를 둔 여호와증인은 3위 일체와 지옥, 영혼불멸 부정 등 성서상 이해의 차이로 국내 기독교로부터 이단시되고 있지만, 세계 234개 나라와 섬에 약 670만 명의 신도가 있으며, 한국에만 9만4,000여 명의 세례교인이 있다.

교리에 따라 병역을 거부한 것이었다. 그 대가는 "대체로 8개월 정도의 징역"인데, 탄압 강도는 지금에 비하면 그다지 심한 것은 아니었다고 한다. 또한 〈제7일 안식일 예수재림교회〉의 경우, 정부와 일정하게 타협을 하여 군대 내부에서 비군사 분야에 종사할 수 있게 되었다.

그러나 1961년에 박정희 정권이 들어서자 상황은 급변한다. 군 출신답게 대통령 박정희는 사회기강 확립과 안보태세 강화, 체제경쟁에서의 우위라는 목적을 위해 '입영률 100퍼센트'라는 것을 목표로 내세웠다. 그것을 거부한 경우, 1년 미만이었던 징역은 갑자기 3~5년으로 늘어났다. 또 그때까지 병역거부자는 입영 전에 민간

"다른 사람들을 죽이는 일에 내 시간을 소비하는 것을 받아들일 수 없다. 예수를 섬기는 일은 전쟁 참여에 반대하라는 것이고, 적을 사랑하는 것이다."
종교적 신앙에 따른 양심적 병역거부자인 미군 4공수여단 소속 마이클 반스(26) 일병은 군이 내린 명예제대 신청 거부 결정을 취소하라는 앵커리지 연방지법의 판결문을 받고 군을 떠나 가족과 평화롭게 살 수 있게 될 꿈에 부풀어 있다고 사건을 보도한 현지 신문들이 전했다. (2008년 5월) 앵커리지 연방지법의 존 로버츠 치안판사는 반스의 종교적 신념이 진지한 반면, 군이 그의 명예제대 신청을 거부할 근거를 제대로 제시하지 못했다며 번스의 제대를 허가할 것을 판결했다. 양심적 병역거부자를 지원하는 미국 민간단체 〈양심과 전쟁센터〉의 자료를 보면, 양심적 병역거부자 가운데 명예제대 허가를 받은 미군 수는 극히 소수에 불과하다. 걸프전 당시엔 양심적 병역거부자 가운데 111명이 명예제대한 반면, 2,500여명이 군 영창에 보내졌다. 베트남전 때는 20만 명, 한국전 때는 4,300명, 제2차 대전 때엔 3만7천여 명이 양심적 병역거부자로 집계됐다고 센터 쪽은 밝혔다.

법정에서 재판을 받았지만 박정희 정권 이후로는 일단 강제로 입영을 시키고 나서 그 뒤 군법회의에 넘기는 형태가 되었다. 가장 길게 징역을 받은 사람은 무려 10년. 출소하면 또 징병 영장이 나오고 또 처넣어지는 일이 반복되었다. 결국 박정희 정권 이후에도 그 시스템은 유지되어 2000년까지 똑같은 상황이 지속되었다.

병역거부자들에게 이 '2000년'은 커다란 전기가 되었다. 먼저 그 무렵 한국에서 체제유지나 이념과 관련된 커다란 사회문제들이 과거와 다른 방식으로 해결되기 시작한다. 하나는 1990년대에 사회적 쟁점이 되었던 오랜 정치적, 이념적 문제로서의 비전향 장기수 문제가 전격 해결. 한국전쟁 때 인민군으로 싸우다 체포되어 이후 50년 가까이 투옥되어 있던 비전향 장기수들을 북으로 귀환시켰다. 더불어 비슷한 무렵 다양한 형태와 성격의 사회운동이 폭발적으로

〈양심적 병역거부자 가족협의회(양가협)〉 양지운 공동대표. KBS 성우극회 회장이기도한 양 대표는 그 자신도 아들 3명 중 1명을 양심적 병역 거부 문제로 감옥에 보내야 하는 고초를 겪었다. 2000년 양가협 활동이 처음으로 언론에 보도됐는데, 지금까지도 주위로부터 비난과 협박을 감수해야 했다. 국방부가 종교적 병역거부자에게 2009년부터 대체복무를 허용한 것에 대해 그는 다음과 같이 말했다. "지난 50년 동안 대안도 없이 계속된 논란 속에 〈여호와의 증인〉 1만2,000명이 수감생활을 했고, 지금도 803명이 옥살이를 해왔습니다. 양심적 병역거부에 대한 대체복무는 선진사회에서 이미 오래 전부터 실시해 왔던 것입니다. 이제 한국도 국제사회에서 종교와 양심의 자유를 보장하는 나라로서 어깨를 나란히 하며 국가 위상을 높일 수 있으리라 믿습니다."

사회 전면에 등장했다. 그런 흐름을 타고 2000년 병역거부 문제가 사회 문제로서 주목을 받게 된다. 종교적 차원을 넘어 이제 본격적으로 병역거부 운동이 시작되는 것이다.

그 배경에는 타이완에 도입된 '대체복무제' 의 영향도 있었다. 분단 국가이고 그때까지 병역거부자에 대해서는 한국 이상으로 엄격하게 처벌했던 타이완에서 2000년 군복무 이외의 형태로 병역 의무를 다할 수 있도록 하는 제도가 도입되었다. 그 사실을 접한 한국의 활동가들은 보다 구체적인 형태의 논의가 필요하다는 것을 느끼게 된다. 그리하여 임재성 씨 등은 우선 '현재 어느 정도의 병역거부자들이 존재하는지' 조사했다. 그 결과는 충격적인 것이었다.

"그 시점에서 1,700명이 투옥되어 있다는 것이 밝혀졌습니다. 1년에 평균 약 800명 정도가 병역을 거부하다 체포되었던 것입니다."

그렇게 많은 사람들이 병역을 거부하고 있었는데도 그때까지 문제가 되지 않았던 데는 두 가지 이유가 있다고 한다. 하나는 병역거부

대체복무제 징병 제도가 있는 나라에서도 독일, 스웨덴 등에서는 개인의 신조나 종교상의 사정에 따라 사회적 약자 구제, 구급활동 등 '시민적 봉사 활동' 으로 그것을 대체하도록 허용하고 있다.

자 대부분이 〈여호와의 증인〉의 신자였다는 것. 이 때문에 병역거
부는 특정한 종교와 관련된 문제라고만 생각된 측면이 있었다. 또
한 가지 이유는, 그들 자신이 목소리를 높이지 않았다는 것에서 비
롯된다. 그들은 병역거부에 따른 가혹한 형벌을 "자신들이 견뎌내
야 할 시련"이라고 받아들여 적극적으로 대항하지 않았던 것이다.

덧붙여 간과해서는 안 되는 것은, 군대나 감옥처럼 사회적으로 폐
쇄된 장소에서 일어나는 일들은 사회적으로 여론화되기가 쉽지 않
다는 점이다. 민간법정이 아니라 일단 입영한 다음에 군사법정에서
처벌이 결정되기 때문에 에 그 목소리가 좀처럼 사회에 도달하지
않는 것이다.

다음 해인 2001년 1월, 시사 주간지 《한겨레 21》(통권 345호)에 '차
마 총을 들 수가 없어요!' 라는 제목의 기사가 실린 것을 비롯하여,
이어 2월에도 병역거부에 대한 본격적인 기사들이 게재된다. 60년
가까이에 이르는 〈여호와의 증인〉에 대한 탄압, 그리고 현재도
1,700명에 이르는 병역거부자가 감옥에 있다는 사실 등을 폭로한
이들 기사는 커다란 반향을 불러일으켜 이후 다양한 운동 단체들이
만들어진다.

그리하여 특기할만한 사건 하나가 발생한다. 2001년 말 오태양이
라는 청년이, 〈여호와의 증인〉이 아닌(그는 불교신자이다) 사람으로서
는 처음으로 공개적인 형태로 병역거부 선언을 했다. 그리고 그의
이러한 선택을 지지하고 지원하는 시민단체도 조직되었다.

"이렇게 해서 오랫동안 존재하고는 있었지만 내내 침묵 속에 묻혀 있어야 했던 병역거부 문제가 60년이 지난 후에야 가까스로 새로운 사회운동이라는 형태로 모습을 나타난 것입니다."

이렇게 말하는 임재성 씨도 현재와는 다른 과거의 모습이 있었다. 운동과 관련을 맺기 전인 대학 1학년 때 받은 신체검사에서 1급 판정을 받았는데, 그때는 "굉장히 자랑스러웠다"고 기억한다. 그러나 병역거부자 운동을 만난 것은 그의 인생을 전적으로 바꾸어 놓았다. 병역 문제는 당장 자기 앞에 놓인, 피할 수 없는 숙명의 문제였던 것이다. 다르게 말하면 어쩔 수 없이 당사자 문제였기 때문에 그는 자신이 풀지 않으면 안 되는 문제로서 이 문제와 씨름하게 되었던 것이다.

"평화주의를 내세우며 군대를 거부하는 사람들과 오태양 씨를 만났는데, 저 자신도 병역 대상이었기 때문에 이들의 고민이 곧장 나 자신의 문제로 다가왔습니다."

병역거부로 1년 6개월의 징역

활동가들 사이에서는 징집영장이 나오기 전부터 병역거부 입장을 표명하는 운동이 확산되기 시작한다. 2002년 9월, 임재성 씨도 병역거부 선언을 한다. 대학을 졸업한 뒤에는 병역거부 운동을 중심으로 한 〈전쟁없는세상〉이라는 단체에서 활동한다. 그 무렵 일어난

고통의 한복판에 띄우는 편지

근대의 공포에 맞서는 이에게

양심적 병역거부자 오태양 님에게

박노자

ge**nomad**
디지털 정보 유목인의 공간 - 제노하드

오태양 님께

안녕하십니까?

이 추운 겨울에 감방에서 잘 견디고 계십니까? 얼마 전, 이제 다 지나간 2004년의 마지막 날에 오태양 님을 서울 구치소에서 면회했을 때 표정이 평소 대로 밝으셔서 적지 않은 기쁨을 느꼈습니다. 그런데 나중에 천천히 생각해보니 아무리 오태양 님께서 늘 노력하고 기도와 명상으로 마음 관리를 잘 해도 감옥이라는 부자연스러운 상황의 영향을 받지 않을까라는 걱정이 생겼습니다. 행동의 자유에 대한 제한도 그렇지만, 일단 강요된 지속적인 합숙 생활이란 하루에 약간이라도 고독의 맛을 느끼고 싶어 하는 인간의 근본 심리를 심히 거스르는 것이 아닌가 싶습니다.

오태양 씨. 병역거부로 감옥살이를 해야 했던 오태양 씨와 러시아 태생으로 한국인으로 귀화한 박노자 교수(오슬로 대학) 두 사람은 '평화의 길'에 대해 성찰적인 편지를 주고받은 바 있다. 다음은 그 내용의 일부이다.

병역거부가 자신이 바깥세상을 비폭력화하는 길의 전부는 결코 아닙니다. 한 부분일 뿐입니다. 내세에는 한 개인이 의식 속에 자리 잡은 '폭력'이라는 이름의 입장을 소멸하는 길이 가능할 수 있을지 모르겠지만, 어쨌든 지금 이 인간세人間世에서 이미 제도화·사회화된 '폭력'을 제거한다는 것은 그야말로 보살의 도력과 원력을 요구하는 일입니다.

– 오태양에게 보내는 박노자의 편지 중에서

타인을 향해 총을 들지 않겠다는 사람들에게 외로이 죽어가거나 고통받고 있는 이들을 위해 봉사하고 헌신할 기회를 제공하는 것은 '자타일시 성불도', 즉 '자기실현과 사회 변화의 동시적 추구'라는 상생의 방식임을 확신합니다. 그 평범한 진리를 우리 사회가 하루 속히 깨우쳐 가기를 기원해 봅니다.

– 박노자에게 보내는 오태양의 편지 중에서

것이 2003년 이라크 전쟁이었다.

이라크 전쟁이 한국 젊은이들과, 더구나 병역거부와 무슨 상관이 있냐고? 이들은 한국에서 이른바 '민주화 이후' 세대이다. 뿐만 아니라 소위 글로벌 세대이기도 하다. 세계화가 반드시 나쁜 일만을 인간에게 가져다 준 것은 아닐 터.

"이라크 전쟁은 저희 세대가 경험한 첫 대규모 전쟁이었는데, 이런 일이 지금도 실제 일어나는구나 하고 생각했습니다. 이런 악순환의 고리를 끊기 위해서 자신이 무엇을 할 수 있을까를 고민했을 때 군사기술이나 살육을 위한 기술을 배우지 않는 것, 또한 그런 것을 거부하는 일이라고 판단했습니다."

드디어 2004년 12월, 징집영장이 그에게 배달된다. 영장을 가지고 병무청 사람이 집까지 찾아온 것이다. 영장에 명시되어 있는 것은 이름과 주소, 주민등록번호, 가야 할 부대 이름과 지도, 그리고 날짜.

이미 병역거부 선언을 한 그는 병무청에 연락하여 자신의 의사를 밝힌다. "저는 군대에 갈 생각이 없기 때문에 고발하세요." 당시의 시점에서는 〈여호와의 증인〉이 아닌 병역거부자는 채 스무 명이 안 되었기 때문에, 병무청에서는 그를 '특별관리 대상'으로 분류, 호출해 내어 설득하려고 시도한다. 그의 경우는 부모가 병역거부에 강하게 반대했기 때문에 그 점을 설득의 고리로 삼으려 했다.

"병무청의 과장급 사람이 나와서 '네 엄마도 만났는데 굉장히 슬퍼

하시더라.' '세계 평화를 지키겠다는 놈이 가정의 평화도 지키지
못해서야 뭐가 되겠느냐.' 이런 말들을 하더군요. 입영을 연기해도
좋으니까 다시 한 번 생각해보라고요. 그들은 부모님을 만나러 가
기도 했어요."

그러나 그는 신념을 꺾을 생각이 없었다. 결국 2005년 1월에 구속
되어 1년 6개월의 징역형을 선고받는다. 그래도 한 가지 다행이었
던 것은, 이전에는 일단 입영하게 해서 군법회의에 세우는 시스템
이었지만, 2001년부터는 입영 전에 민간법정에서 재판을 받게 되
었다는 점이다.

2006년 5월, 그는 2개월의 형기를 남기고 1년 4개월 만에 가석방
된다. 주위의 반응은 냉담했다.

"역시 부모님과의 갈등이 굉장히 심했습니다. 그분들의 입장에서
보면 이해할 수 없는 일이겠지요. 예를 들어 학생운동을 해서 체포
되는 것과 병역거부를 해서 체포되는 것과는 천지차이니까요. 우리
집의 경우, 친척한테도 말할 수 없었어요. 너무나 부끄러운 일이라
면서요. 2002년에 병역거부 선언을 하고 난 뒤 징집 통지가 오는
2004년 사이 그 2년 동안 부모님은 내내 반대하며 설득하려고 했
습니다. 주위 친구들의 시선도 그리 좋지 않았습니다. 대체로 왜 그
렇게까지 하는지 모르겠다는 반응이었지요."

종로 밤거리, 시위대 앞에 진열을 갖추고 서 있는 전경들의 모습.

그런 그를 지탱해준 사람들이 있다. 자신보다 앞서 병역을 거부했던 사람들과 오늘 취재에 동행해 준 김영진 씨였다. 지방에 있는 교도소에 수감된 그에게 김영진 씨는 여러 차례 면회를 와 주었다고 했다.

이 지점에서 궁금한 것 하나. 감옥에 가지 않고 징병제로부터 벗어날 방법은 없는 것일까? 예를 들어 친구들 집을 전전한다든가. 이렇게 물으니 임재성 씨가 웃으면서 말한다.

"그렇게 하는 사람들도 꽤 있습니다만, 역시 험난해서 실제로는 어렵습니다. 게다가 도망 다니는 사람을 잡아들이는 전문가들도 있습니다. 예컨대 탈영병을 잡는 사람들인데 그 사람들은 징집을 기피하여 도망 다니는 사람도 잡습니다."

정말 무시무시한 시스템이다. 아니 그보다도, 거기에 들어가는 사회적 비용은 누가 지불하는 것인가.

한국의 징병제는 젊은이들을 군대로만 차출해 가는 것이 아니다. 일본의 기동대에 해당하는 전투경찰에 무작위로 배치되기도 한다. 한국에 도착한 첫날, 부시 방한에 반대하는 대규모 데모에 참가하면서 나는 전투경찰과 대치해 보기도 하였는데, 그때 깜짝 놀란 것은 그들이 너무 어리다는 것이었다. 그들의 대부분은 20대 초반. 징병되어 훈련을 받은 뒤 전투경찰로 배치된다는 것을 알고 나서야 그 이유가 납득되었다.

나중 내가 본 젊은 데모 진압대의 상당수가 지원제인 의무경찰이라는 사실을 알게 되었지만, 전투경찰 역시 다반사로 데모 진압에 동원된다. 어느 쪽이든(지원이든 차출이든) 그들의 신분이 군인인 한, 말하자면 군대가 데모를 진압하고 있는 셈이다. 국내에서 군을 동원하기 위해서는 계엄령을 선포하든가, 또는 미국의 동의(사전이든 사후이든)가 필요한데, 1970년 12월에 '작전전투경찰대설치법'이라는 법률이 제정되어 군인을 경찰로 차출하여 대간첩작전이나 치안업무(실제로는 데모진압)에 동원할 수 있도록 했다고 한다.

정확히 언제부터인지는 모르지만, 그들 전투경찰(혹은 의무경찰)에게는 시위참가자 한 명을 체포하면 마일리지제로 상품권이 지급되는 시스템이 도입되어 있다. 그러나 자주 병력이 교체되는 탓인지, 그다지 잘 통솔되고 있지 못하다고 한다. 하지만 어쨌든 '상품권'은 매력적이다. 데모 진압대는(직업 경찰들이 더 적극적이겠지만) 앞을 다투어 열심히 데모 참가자를 잡아들인다. 기동대에 경쟁원리까지 작동하고 있으니까, 어째 이건 좀 무섭다.

그런 전투경찰 중에서도 병역거부자가 나왔다. 취재 며칠 전에도 한 전투경찰이 병역거부를 선언했다고 한다. 촛불집회의 데모진압에 동원된 그는 자신의 사상적, 양심상의 이유에서 적극적인 진압을 하지 않았다. 그러나 그 일로 그는 동료들로부터 밤새 구타를 당했다. 하여 그는 휴가 중에 병역거부를 선언하는 기자회견을 하고 자진 출두하여 체포되었다고 한다.

군대 내에서의 폭력은 물론 금지되어 있다. 그러나 관습은 뿌리 깊게 남아 있는 법. 한국의 군대에서는(일본의 자위대도 마찬가지지만) 자살률도 아주 높다고 한다. 정확한 수치는 모르겠으나 "1년에 중대 하나 정도의 사람들이 죽는다"고 한다. 1,000명은 되지 않지만 적어도 수백 명 단위다. 슬픔을 넘어, 경악할 일이다.

임재성 씨는 말한다. 자신의 주변에도 군대에 간 사람은 많지만, 다들 입을 모아 하는 말은 "절대 가지 마"라는 것이란다.

"절대 가지 마라는 사람은 군대가 갖고 있는 완강한 서열문화, 명령과 폭력을 통해서 위계를 관철시키는 억압문화, 다시 말해 사람을 인격체로 취급하지 않는 문화에 상처받은 사람들입니다. 반면, '의미 있는 곳이다', '남자라면 반드시 가봐야 한다'고 말하는 사람들도 또한 많습니다. 어떤 의미에서는 그런 말을 하는 것도 이해할 수 있습니다. 자신이 겪고 감당한 괴로움이기 때문에 긍정하지 않으면 안 되는, 그런 심리가 있겠지요. 또 하나, 이것이 중요한데, 군대에서 익힌 것이 사회에 나오면 확실히 도움이 되거든요. 강자에 대해서는 아부하고 약자에게는 강하게 대해야 한다거나 하는. 사람을 다루는 방법이라든가, 명령하는 방법 같은 것도요. 군대 뿐 아니라 한 사회가 군사문화에 크게, 그리고 오래 영향을 받아 내면화해 온 결과라고 생각합니다."

이렇게 말하는 그의 표정에는 슬픔과 냉소가 교차하고 있었다.

현재 한국에는 65만 명의 군인이 있다. 그리고 북한에는 약 110만 명.

"이 작은 반도에 200만 명 가까운 군인이 있는 겁니다. 미국도 150만 정도인데."

현재 논의되고 있는 것은 과연 '지원병 제도가 대안이 될까' 하는 것이라 했다. 지원병 제도를 실시하면 아무래도 빈곤 문제와 연결된다. 아직까지 한국에서는 가난 때문에 직업 군인이 되려는 사람은 그다지 없을 것 같다고 했다. 징병제가 지원제로 바뀐다거나, 줄기차게 이야기되고 있는 대체복무제가 실시된다거나 하는 것은 중요한 사안일 것이다. 그러나 제도만 바뀌면 모든 문제가 사라지는 것일까? 완강한 군사주의 문화도? 지배적인 전쟁 동원의 문화도?(참고로, 군사 부문이 막강한 지위를 차지하고 있는 북한은 징병제가 아니다.) 한국

(왼쪽 사진)이스라엘 출신의 평화활동가 쉼리Shimri 씨가 한국을 방문하여 토론회를 갖고 있는 모습. 그는 병역을 거부하여 2001년부터 21개월 간 수감생활을 한 바 있다.
(오른쪽 사진)이스라엘 병역거부단체 〈예쉬그불(www.yesh-gvul.org)〉 회원들이 평화시위를 벌이고 있다. 예쉬그불은 이스라엘어로 "한계가 있다"는 뜻인데 복종에도 한계가 있다는 의미로 붙여진 이름이다. 참고로 말하자면, 이스라엘은 징병제를 취하고 있어 만 18세 이상의 모든 국민(남성은 3년, 여성은 1년 9개월)은 의무적으로 병역을 마쳐야 한다. 이스라엘에서의 병역거부는 '선택적 거부'라는 이름으로 실천되는데, 이는 군복무는 하되 부당한 군사적 명령을 거부하는 행동을 포함하기 때문이다.

에서 수난과 편견을 무릅쓰고 양심에 따라 병역을 거부하는 젊은이들의 궁극적 바람이 단지 대체복무제로 제한되어 있는 것일까?

이런 문제에 민감할 수밖에 없는 것은 여성 쪽이다. 남성만이 징병되는 제도, 그것이 가져오는 불평등의 문제는 한국에서 늘 예민한 논란과 광폭한 공격을 불러일으킨다.

"페미니스트나 여성운동을 하는 사람들이 연구하고 있습니다만, 한국의 징병제가 일종의 시민권을 얻을 수 있는 관문 같은 역할을 하고 있는 문화나 제도의 문제가 수없이 지적되어 오고 있습니다. 군대에 갔다 온 남성이 일등시민이 되고, 여성이나 군대에 가지 않은 남성이 이등시민이 된다는 거지요. 예컨대 '군 가산점' 논란도 그러한 맥락에서 발생한 문제이고요. 군사주의가 결코 남성의 문제일 수만은 없는 까닭입니다."

극히 일부이지만, 여성 중에는 "여성에게 병역 의무가 없는 것은 헌법 위반"이라며 위헌소송을 제기한 사람도 있다고 한다. 여성도 징병하라는 뜻? 군사주의가 강요하는 성적 불평등에 대한 처절한 역설적 비판으로 들린다. 슬프다.

한국의 병역 거부 - 일본 헌법 9조가 만들어낸 그림자

인터뷰를 끝내려던 무렵 임재성 씨는 서두에 이야기한 일본 헌법 9

조 문제에 대해 좀 더 말하고 싶어 했다. 2008년 5월 지바千葉 현 마쿠하리멧세幕張メッセ에서 열린 '9조 세계회의'에 참가하여 여러 일본인들과 만나고 느낀 점이 많다고 했다. 그렇잖아도 더 물어볼 참이었다.

"일본 헌법 9조의 가치는 인류가 지향해야 할 가치라 생각하고, 이 9조의 전문을 한국어로 번역한 것을 지갑에 넣고 다닐 정도로 나 자신 감동한 바도 있지만……."

그는 이렇게 전제하고서 말을 계속했다. 마치 하고 싶은 말을 너무 오래 참았던 사람처럼 그의 말은 거침이 없었고, 진지함으로 팽팽한 긴장을 만들어내고 있었다. 다음은 그의 말을 옮겨놓은 것이다.

"그럼에도 불구하고 나는, 일본 헌법 9조가 만들어낸 어두운 그림자가 바로 한국에서의 병역거부로 이어지는 게 아닐까 하는 생각을 하게 되었습니다. 9조가 존재할 수 있었고, 유지될 수 있었던 이유

日本国憲法
第二章 戦争の放棄
第九条
①日本国民は、正義と秩序を基調とする国際平和を誠実に希求し、国権の発動たる戦争と、武力による威嚇又は武力の行使は、国際紛争を解決する手段としては、永久にこれを放棄する。
②前項の目的を達するため、陸海空軍その他の戦力は、これを保持しない。国の交戦権は、これを認めない。

일본 헌법 9조 조문條文
1. 일본국민은 정의와 질서를 기조로 하는 국제 평화를 성실히 희구하고, 국권의 발동에 의거한 전쟁 및 무력에 의한 위협 또는 무력의 행사는 국제분쟁을 해결하는 수단으로서는 영구히 이를 포기한다.
2. 전항의 목적을 성취하기 위하여 육해공군 및 그 이외의 어떠한 전력도 보유하지 않는다. 국가의 교전권 역시 인정치 않는다.

중 큰 비중을 차지하는 것은 동아시아에서의 반공 라인이 한국에 설정되어 있기 때문이니까요. 따라서 한국은 중무장을 해야 하고, 그 배후에 있는 일본은 경무장만 해도 되었던 것 아니겠어요? 더 거슬러 올라가면 한반도의 분단이 일본 제국주의의 유산인 것이고, 역설적으로 이쪽은 전쟁을 겪고 일본은 이 전쟁 특수를 누려 전후 복구에 성공하게 되는 구조가 성립되어 있었지요. 박정희 정권은 이 구조의 산물인 것이고, 그가 만든 군사주의 질서에 의해 병역거부자들이 억압을 받는 그런 구조가 지속되어 온 것이지요."

"그런데 이제, 시소에 비유하자면, 한국에서는 탈군사화가 진행되고 있고 일본에서는 재무장이 진행되고 있는 상황입니다. 시소가 움직이고 있는 거지요. 동아시아의 긴장이나 반공 라인의 위치가 변하고 있습니다. 이와 같은 흐름을 어떤 한 나라의 문제라고 고정시켜 볼 것이 아니라 전체적으로 보는 시점이 필요하지 않을까 싶습니다. 오키나와 문제, 한국의 문제가 따로 존재하는 것이 아니라, 그것이 어느 지역에 집중되어 있건 전체적으로 관련되어 있기 때문에 자신과도 멀리 떨어진 문제가 아니라고 생각하는 관점이 중요하다고 생각합니다."

일본의 재무장(군사주의)화 그 한 예로 미 육군 제1군단 전방 사령부를 워싱턴 주에서 일본의 자마座間로 이전하고, 요코타橫田의 제5 공군사령부와 괌의 제13 공군사령부를 통합하는 등 일본을 미군의 극동전략거점으로 삼는 것을 염두에 둔 미 군사력의 재편과 일본의 군비강화가 진행되고 있다.

"그러므로 이것은 소수의, 특이한 사람들의 문제가 아니라 적어도 아시아에 사는 모든 사람의 문제라고 생각합니다. 일본에서 한국의 병역거부 문제에 대해 이야기하는 경우에도 한국에 이런 사람들이 있다는 식이 아니라, 이것은 우리의 문제일 수 있다는 생각을 하게 되었으면 하는 것입니다. 예컨대 그럴 때 자위대 안에서도 명령을 거부하는 사람이 나오게 되는 그런 상황이 오지 않겠습니까?"

"저는 낭만적으로 평화에 임하는 태도는 반대합니다. 병역거부자 중 한 사람이 그것을 선택할 때 부모와의 갈등, 교도소 안에서의 시간, 사회의 시선과 불편한 생활 등등 자신이 총을 잡지 않는 선택을 했기 때문에 견뎌야 하는 고통은 굉장히 큽니다. 저는 진정한 '평화'는 고통에 공감하는 것에서부터 시작되는 일일 것이라 생각합니다. 자신이 쏘는 상대의 고통을 느낄 수 있다면 절대로 방아쇠를 당길 수 없겠지요. 9조 세계회의에서는 박수만 치는 분위기였기 때문에 한 발짝 더 앞으로 나아가 주었으면 좋겠다고 생각했습니다. 고통받는 사람이 칭송의 대상이 되는 것이 아니라 일본 외부의 시점이 9조 내부로 진입하게 하는 것이 9조의 평화 조항을 더욱 풍부하게 하는 걸 거라고 생각합니다."

일본 헌법 9조와 한국의 병역 거부의 관련성. 스물여덟 살의 힌 젊은이가 자신의 선택으로 받은 고통 속에서 이룬 각성은 안이하게 평화주의 속으로 몸을 숨기는 우리들 일본인들에게 너무나도 중요한 문제제기이다. 나는 돌아가서 물어볼 것이다. 당신은 이 말을 어떻게 받아들일 것인지.

사회적인 죽음을 각오하고, 군사주의와 전쟁에 동원되지 않겠다고, 총을 잡지 않겠다고 선택하는 한국의 병역거부자들.

임재성 씨는 현재 서울대학의 대학원생이고 장래 연구자의 길을 걷겠다고 했다. 평범하게 취직하는 것이 어렵기 때문에 그 길밖에 없는 것인지도.

이것은 바꾸어 말하면 고학력이 아니면 병역 거부조차 할 수 없는 현실이 또한 존재한다는 말일 수도 있을 것이다. 아닌 게 아니라 한국의 병역거부자들 중에는 고학력자가 많다. 선택지조차 없이 젊음의 소중한 시간을 군대에서 보내는 불안한 20대들…….

한 가지만은 꼭 기록해 두고 싶다. 지금도 한국에는 수많은 젊은이가 자신의 양심에 따라 병역을 거부한 죄로 감옥에 갇혀 있다.

일본에서 '평화헌법'으로 불리는 헌법 9조를 지키자는 바람이 불고 있다. 《아사히》신문이 헌법기념일을 맞아 3일 보도한 여론조사 결과에 따르면 66%가 헌법 9조를 유지하자고 응답했다. 반면 개헌파는 23%에 불과했다. 아울러 헌법 9조를 지키자는 취지에서 오사카大阪시에서 선을 보인 '9조차'도 인기몰이를 하고 있다.

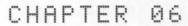

CHAPTER 06

불안(정)하기 때문에 맞서 싸운다
– 한일 공통의 노동/생존의 문제

프레카리아트는 단결할 수 있을까

처음의 이야기로 다시 돌아가야겠다. 한국의 상황은
일본과 너무 닮아 있다. 전체 세대의 50퍼센트나 되
는 비정규직 비율. 정규직의 절반 이하인 임금. 그
안에서 가열되는 살아남기 위한 경쟁. 조장되고 있
는 정규직과 비정규직의 대립. 그러나 바로 그렇기
때문에 노동운동의 현장은 여전히 뜨겁고, 모든 장
소에서 비정규직 노동자의 반격이 시작되고, 나아가
시간이 흐를수록 그것과 연대하려는 정규직 노조의
모습도 보았다는 것은 기대 이상의 큰 수확이었다.

그러나 다른 한편 비관적인 이야기들도 많이 들었
다. 노동운동에 더 기대할 것이 없다며 돌아서거나

체념하고 있는 젊은이들. 이것 역시 일본과 비슷한 현상이다. 젊은 세대나 비정규직 당사자에 의한 인디 노조 등 이전과는 다른 새로운 운동이 활기를 얻어가고 있지만, 일본 젊은이들의 대부분은 현 상황을 변화시킬 수 있다고 상상도 하지 못한 채 자신의 능력이 부족해서라고 자책하며 더욱 깊이 '자기책임론' 속으로 빠져들고 있다.

아니, 어쩌면 이도저도 아닌 숫자가 더 많을지도 모른다. 일상에 쫓겨 생각할 시간이나 여력조차 빼앗긴 채 살아가는 사람들. 오늘 이 시대의 지배 이데올로기는 어디까지나 '자기계발'이다. "죽도록, 지쳐 나자빠지도록, 자신을 몰아세우라!" 이 신자유주의의 정언명령에 따라 자신을 과도하게 몰아붙여 자기 향상에만 전력을 기울거나, 어차피 정규직이 못될 바에는 다른 자기 길을 찾겠다고 나서는 젊은이들은 그나마 행복하다. 대부분의 비정규직 삶들은 다만 전전긍긍할 뿐이다. 어디로 갈 것인가?

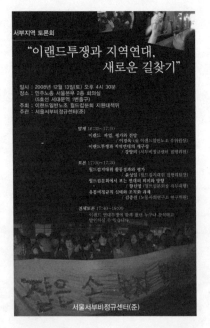

자본이나 정부로부터는 물론이고 주류 노동운동으로부터도 외면당해 온 비정규직 노동자들.
한국의 비정규직 삶들은 다만 전전긍긍할 뿐이다. 어디로 갈 것인가?

한국에서 비정규직 노동 문제에 달려들어 온 힘을 다하고 있는 활동
가들을 만났다. 〈서부 비정규노동센터 준비모임〉. 비정규직 노동자의
연대라는 기치 아래 힘겹게 연결되어가던 사람들이 결성한 모임이
다. '준비 모임' 인 것은 아직 정식으로 설립되지 않았기 때문일 터.

이 단체는 "비정규직 문제와 지역주민을 연결하는 것"을 커다란 과
제로 설정하고 있다. 왜냐하면 "비정규직 문제는 개별 사업장에서
해결할 수 없는 문제"이기 때문이다. 지역에서 활동하며 지역 비정
규직 사람들을 조직하는 것 외에 달리 방도가 없으므로 이 활동에
전력을 쏟고 있는 것이다.

이것은 비정규직 운동이 감당해야 할 일종의 숙명이다. 일본의 경
우, 인디 노조는 '노동/생존' 조합이라고도 불리는데 이는 노동문제
만이 아니라 생존 전반에 관한 문제에도 힘을 쏟고 있기 때문(이라기
보다는 힘을 쏟을 수밖에 없다)에 그렇게 불리는 것이다. 인디 노조 사
무실을 찾는 젊은이들 중의 상당수는 아르바이트 자리에서 잘렸다
는 등의 한시적 처지에서 노동 상담을 하러 오는 것이고, 이미 1년
이상 집이 없어서 넷카페에서 살고 있거나 게다가 사채업자에게 수
백만 엔의 빚을 지고 있는 경우도 드물지 않다. 벼랑 끝에 매달린 삶
자체가 문제가 될 수밖에 없는 것이다.

도쿄에 있는 인디 노조의 경우, 생활이 곤궁한 사람은 NPO법인이
운영하는 자립생활 지원센터 공동모임에 연결해주거나, 다중 채무
문제에 정통한 법률가에게 연결해 주는 식으로 일이 진행된다. 노

동만이 아니라 생존 그 자체가 불안정하기 때문에 노동 문제만이 아니라 복지나 다중 채무, 주거 문제 등 다양한 문제에 대응해야 하고, 무엇보다 구체적인 일상의 생존을 위한 노하우가 필요하게 되는 것이다. 어떤 인디 노조에서는 실제로 돈이 없는 사람들에게 쌀을 주는 일을 하고 있기도 하다. 비정규직 노동운동이 해결해야 할 문제는 노동만이 아니라, 말하자면 살아가는 것에 따르는 모든 것에 다 관련되어 있는 것이다.

"그 이야기를 들으니 우리와 상황이 비슷한 것 같네요. 우리도 돈을 빌려주거나 생계를 꾸리기 위한 지원 활동 같은 일도 하고 있거든요. 여성을 위한 여성 노조도 만들고 있고. 어쨌든 노동과 생존 문제, 모두 하고 있는 셈이에요."

'거처居處' 로서의 노동조합

자리에 참석했던 〈서부 비정규노동센터 준비모임〉 멤버인 여성이 기쁜 듯이 말했다. 그러나 그녀에게는 큰 고민이 있었다. 비정규직이고 돈이 없는 사람이 조합원의 다수이기 때문에 조합비 받는 일 자체가 어렵고 괴로운 일이라는 것이다. 그 때문에 조합의 활동비 자체가 큰 문제가 된다. 그녀는 활동비 충원하는 일로 과로한 나머지 지난 한 주일 내내 자리에 누워 있었다고 한다. 본말전도랄까, 절실한 문제가 아닐 수 없다.

정도의 차이일 뿐, 고민은 일본도 똑같다. 비정규직 문제를 해결하기 위해 일하는 대부분의 조합도 늘 같은 딜레마에 봉착해 있는 것이다. 거의 모든 인디 노조는 조합비를 상당히 싸게 책정하고 있지만, 조합비 500엔조차 낼 수 없다는 이야기가 내 주변에도 당연한 듯 존재한다. 수백 엔을 낼 거라면 차라리 생활비로 써야 한다는 궁색한 처지가 엄존하는 현실인 것이다. 이 문제 앞에서는 한국과 일본 모두 신음소리가 날만큼 끙끙거릴 뿐 당분간 결론은 어디서도 쉽게 나오지 않을 것이다.

현실적인 고민은 끝이 없었다. 한국의 활동가들은 조합비 문제 못지않게 조합과 조합원 사이의 연계가 심화되지 못하고 있는 현실을 어떻게 하면 극복해 나갈 수 있을까 고심하는 것 같았다. "자기 생

서부비정규센터(준) 회원들과 토론하는 필자.

활의 고민이나 문제 때문에 들어온 사람이 쉽사리 조합에 정착하지 않는" 현실이 반복된다는 것이다. 아마 자신의 문제가 해결되면 조합과 더 이상 관계하지 않는 경향을 말하는 것일 터이다.

그러한 사람들을 일보 전진시키기 위해서는 어떻게 하면 좋을까? 이것도 참 미묘한 문제다. 자칫 열성을 과도히 강조하면, 조합에 상의하러 가면 '활동가'가 되어야 한다고 오해하여 상담을 망설이는 사람도 있을 것이다.

다행히 일본의 인디 노조에서는 아직 이러한 고민은 거의 들어본 적이 없다. 운동 이전에 조합이 우선 불안정한 삶을 살고 있는 사람들에게 '거처'로서 기능하고 있기 때문일 것이다. 그곳에서 한 발짝만 나가면 생존경쟁에 휩쓸리고, 경쟁에 기초한 인간관계밖에 없는 현실이 기다리고 있으며, 그러니까 조합이 유일하게 신뢰에 기초한 관계를 쌓을 수 있는 장소라는 생각이 그래도 자리 잡고 있는 것이다.

그런 거처가 있다면 사람들은 좀처럼 그곳을 떠나지 않을 것이다. 그런 장소가 왜 성립해 있을까. 어떻게 만들어갈 수 있을까. 그럴 때 다시 어떤 문제가 발생할 것인가. 거처로서의 조합과 운동으로서의 조합은 어떤 방식으로 결합되고 일치해 갈 수 있을까. 한국과 일본이 경험을 공유해야 필요성이 더욱 절실해 지는 느낌이었다.

거의 모든 자리가 그랬지만, 시간이 아쉬웠다. 우리는 서로의 상황이 비슷한 사실을 발견하고는 너무 자주 놀라곤 했다. 서로 상대방을 거울삼아 자신을 들여다보는 것. 어떤 이는 자신들이 너무 어처구니없이 속아 넘어갔다고 했다. 그 동안 한국에서 비정규직이 급증한 배후에는 'IMF 경제위기'가 있는 줄 알고 있었는데 과연 그것이 결정적인 것이었는지 의문이 든다고도 했다. IMF를 경험하지 않은 일본에서도 똑같은 상황이 벌어지기도 했으니까.(일본에서는 1995년 일본경영자단체연맹이 "새로운 시대의 '일본적 고용방식'"을 발표하여 비정규직 고용의 대량 창출을 재촉했다.) 경제 위기가 올 때마다, 어느 나라에서나 고통은 결코 분담되지 않고 가난한 이들에게 전가된다. 이제는 그 고통을 전가당해야 하는 사람들의 폭이 과거처럼 특정 계급이나 계층에 한정되지 않는다는 것이 차이일 뿐.

누군가 한탄하듯 고백조로 이야기한다. "저는 지금까지 일본의 프리터들이 무척 행복하게 생활하고 있다고 생각하고 있었어요. 임금도 높고 자발적으로 선택해서 그런 생활을 하고 있다고. 자유롭게 생활하고, 돈을 모아 해외여행도 가고, 일본 문화는 다양하기 때문에 그런 삶이 가능하구나 하고 생각하고 있었는데, 실태가 상상과 전혀 달라서 놀랐어요."

'거품경제' 무렵의 일본 프리터에 대한 이미지가 그대로 반영되어 있는 것이다. 빈곤과 불안의 시대의 연대는, 이러한 자기 비하와 착시에서 벗어나 공통의 노동/생존의 현실을 직시하는 것에서부터 시작될 것이다. 나는 분노한 서울의 한복판에서 불안정한 처지에서 일어나 반격을 시작하고 고민하는 숱한 사람들과 만나면서 이제 국경을 넘어 가난한 사람 사이의 연대가 가능할 것이라는 짜릿한 예감을 거듭 느꼈다. 여기서 마주친 삶의 다른 가능성 앞에서 나는 전율한다.

유럽에서 신자유주의적 고용정책에 항의하여 벌어지는
프레카리아트들의 시위 모습들.

한국에서 인상적이었던 것은 독자적인 미디어 활동가들이었다. 미디어 활동가란 제도권 미디어들이 전해주지 않는, 전할 수 없는 정보들을 독자적으로 취재하여 자신이 직접 발신하는 활동가들을 말한다.

한국에 도착한 첫날, 미국 대통령 부시의 방한에 맞추어 벌어진 대규모 시위. 살수차가 쉴 새 없이 데모대에 물을 분사하고, 시위대와 진압 경찰이 서로 엉키는, 시가전을 방불케 하는 상황 속에서 나는 아수라장을 뛰어다니는 무수한 미디어 활동가들을 보았다. 도대체 경제적 이해나 제도의 뒷받침도 없이 기꺼이 위험을 무릅쓰는 저 열정은 어디에서 생겨나는 것일까.

이날의 데모에만 무려 100개가 넘는 미디어 활동가의 카메라가 그 현장을 인터넷으로 생중계하고 있었다는 것을 알고는 나는 그저 놀라울 뿐이었다. 데모대의 규모도 일본과 다르지만 그보다 더 큰 차이는 그것을 전하는 미디어 활동가들의 규모이다. 이들 중에는 독립 미디어 단체 소속도 있고 완전한 개인도 있다. 개인적으로 활동하는 사람은 '1인 미디어' 라 불린다. 거대 언론과 1인 미디어. 나는 거듭 묻고 싶은 것이다. 저들은 왜 저 분노의 바다에 뛰어들어 무언가 기록하려 안간힘인 것인가. 혹 저들은 자기 환멸과 싸우려는 것은 아닐까. 불안과 환멸. 나약한 개인에게 퍼부어지는 절망의 메시지들을 거부하려는 몸짓……

부기附記

이번 한국 취재 과정에서는 2008년 홋카이도의 도야코 서밋에 반대하며 개최된 반G8 캠프에 참가한 한국 미디어 활동가들과 일본의 미디어 활동가들이 교류하는 장도 마련되었다. 그리고 여기서는 일본과 한국만이 아니라 아시아 사람들과 미디어 활동가들의 네트워크를 만들어 각 나라의 다양한 운동 상황 등을 소개해 나가는 시도의 가능성에 대해 여러 가지 논의가 이루어졌다. 이후 지난 9월 말부터 10월 초에 걸쳐 일본과 한국의 미디어 활동가들이 한국 부안에서 합동 캠프를 열고 거듭 논의했다는 소식을 접했다.

노동운동만이 아니라, 이렇게 미디어 활동가들 사이에서도 국경을 초월한 '연대'가 시작되고 있는 것이다. 왜냐하면 우리는 공동의 적을 발견해 가고 있는 과정에 있으니까. 동시에 공유의 의미도.

서울의 밤, 끝나지 않은 이야기들

본문에서는 쓰지 않았지만, 남겨두고 싶은 이야기가 있다. 나는 서울에서 만난 사람들과 매일 밤, 늦은 시간까지 술을 마시며 이야기를 나누었다.

그중에서도 인상이 강했던 사람은 〈전국백수연대〉의 주덕한 씨였다. 주벽이 심해서일까, 아무튼 쓸데없이 과격했다.

맥주잔 속에 작은 소주잔을 넣고서 "백수 칵테일!" 하고 외치는가 하면, 다른 사람의 술잔에도 소주병을 대고 콸콸 따르며 돌아다닌다. 또한 가게 냉장고에서 마음대로 술을 꺼내 와서는 "가게 주인이 모르는 술"이라며 모든 사람들에게 따라준다. 게다가 "일부러 일본에서 찾아온 손님이 있는데 서비스는 없느냐?"며 가게 종업원에게 뻔뻔한 부탁을 하여 여러 가지 음식을 공짜로 내오게 하더니, "이게 바로 백수 스타일!"이라며 혼자서 신나 했었다. 왠지 고엔지高円寺에 있는 것 같은 기분이 들었고, 세계 각국 어디에 가나 가난한 사람들이 하는 행동은 대체로 비슷하구나 하는 느낌을 받았다. 그런 느낌까지도 포함하여, 나는 이 아무렇게나 맺어지는 연대가 좋았다. 그것을 가능하게 하는 서울의 여름밤이.

고엔지 갖가지 의류, 청바지, 음반 등을 파는 중고품 가게나 싸구려 선술집, 라이브 바 등이 오밀조밀 모여 있는 도쿄 스기나미杉並 구에 있는 지역. 젊은이들이 많이 살고, 특히 연예인, 뮤지션, 연극배우 등을 꿈꾸는 젊은이들이 많다고 한다.

도쿄로 돌아와서도 서울의 밤을 생각하는 시간이 잦았다. 그러나 두 달 뒤인 10월, 서울에서 날아온 소식은 너무 슬픈 것이었다.

서울 강남 논현동 고시원 방화사건. 서른 한 살의 한 무직 남성이 여러 사람이 기식하는 고시원에 불을 지르고, 그곳에 사는 사람들에게 흉기를 휘둘러 여섯 명이 사망하고,·일곱 명이 중경상을 입은 사건이었다.

마음이 걷잡을 수 없이 슬펐던 것은, 죽은 사람들 중에는 중국에서 이주해 온 조선족 노동자들이 다수 있었다는 사실이었다. 먼 모국을 찾아와 피곤한 식당 밤일을 마다하지 않고 일하다 목숨을 잃은 여성 세 분을 포함하여 진심으로 죽은 이들의 명복을 빌고 싶다. 그 이들은 우리에게 오늘 가난에 내몰린 프레카리아트들의 슬픈 운명을 극명히 보여주고 떠났다.

가난한 고시원에 불을 지른 자는 어떠한가. 이 남성은 생활비에 쪼들린 데다 이전부터 자살 욕구가 있었으며, 세상이 자신을 무시하여 살기가 싫다는 말을 자주 했었다고 한다.(《조선일보》, 2008년 10월 21일자) 아직 표면화하지는 않았지만 언젠가 터져 나올 비극적 사건들. 수없이 경고하고 예언했었는데, 슬프게도 그 나쁜 예언은 적중한 셈이 되어버렸다. 출구 없는 상황에 놓인 사람들의 울분은 왜 이리 왜곡된 방향으로, 아픈 상처들과 슬픔을 남기며 폭발해 버리는 것인지. 이 악순환은 왜 반복되는지.

그러나 아직은 희망을 포기하고 싶지 않다.
나는 이번 취재에서 감히 '한·일 프레카리아트 연대'의 희망의 끈을 발견했다고 말할 수 있다. 거리에서, 천막에서, 철공소 한쪽 구석에서, 자신들의 손으로 일자리 만들기에 열중인 20대들의 손의 온기에서, 연구실에서, 함께 부딪히는 소주잔 소리에서, 슬픈 눈에 담긴 그러나 뜨거운 연대의 눈빛에서 나는 감히 희망의 씨앗을 보았다고 말하겠다.

나는 이 연대의 끈을 결코 놓치고 싶지 않다.
이런 의미에서 이 책은 한국과 일본, 이 두 나라 프레카리아트에게 전하는 〈연대의 책〉이 될 수 있을 것이라고, 멋대로 생각해 본다.

특별히 고마운 사람들
고바야시 가즈코 씨, 후지이 다케시 씨, 쓰치야 유타카 씨, 박도연 씨, 디자인을 해 준 혼다 마사아키 씨, 스즈키 메구미 씨 그리고 이번에 한국에서 만난 모든 사람들……

《성난 서울》, 또 다른 시작을 위하여
우석훈

만남

이 글을 쓰기 불과 1주일 전, 나는 동경에서 열린 반反 빈곤 페스티발이 끝나고 아마미야 카린 일행과 함께 동경 시내의 어느 작은 선술집에서 일본식 소주를 마시고 있었다. 참 쑥스러운 얘기지

반反빈곤 페스타 포스터.

만,《아사히 신문》사진기자가 그 광경을 연출 형식으로 사진을 찍고 있었고, 나는 어색하게 웃음을 짓고 있었다. 물론 성격상 사진 촬영을 즐기고, 이걸 재밌게 생각하는 사람들도 있겠지만, 나는 사진 찍히는 걸 꽤 불편하게 생각하는 편이다. TV에 나오는 것도 편한 일이 아니고, 어쨌든 여러모로 나는 노출을 즐기지 않는 편이고, 카메라만 들이대면 얼굴을 다른 쪽으로 돌리거나 잔뜩 굳어진 표정을 보이기가 일쑤다. 그러나 아마미야 카린은 나와 다르다. 확실히 그녀는 피사체가 되는 순간을 즐기고, 마이크를 잡는 걸 즐거워하고, 또 누군가가 자신을 보아주는 걸 즐거워하는 듯하다.

어쩌면 그녀가 나와 분명히 다른 것은, 둘 다 글을 쓰고 책을 내는

것에 많은 시간을 보내고 있지만, 책과 글을 대하는 태도 역시 분명히 다르다. 확실히 내 글은 그녀에 비하면 훨씬 재미없는 편이다. 어쩌면 당연한 것이 그녀는 가수 출신이고, 펑크 록 그룹의 보컬 출신이다. 그런 그녀가 카메라를 즐기고, 남에게 보여지는 것을 즐거워하고, 맨 앞에 서는 것을 주저하지 않는 것은 어쩌면 당연한 일인지도 모른다. 너무 다른 경로로 살아온 그녀는 지금 한국의 비정규직과 20대의 문제를 들여다보고 있고, 나는 반대로 요즘 그녀의 나라에서 벌어지는 일을 신비로운 느낌으로 들여다보는 중이다.

내가 학자로서 가장 중요하게 생각하는 것은 다른 사람 혹은 다른 존재의 눈을 빌려서 세상을 보는 법이다. 물론 이런 입장 바꾸기가 때때로 심각한 오해나 오류에 봉착할 위험이 있다는 점에 대해서도 종종 생각해보지만, 어쨌든 사회과학자로서 인식의 첫 출발점은 다른 사람의 입장이 되어보는 것이다. 때때로 이런 상상은 조금 극단적인 데로 흐르기는 해도, 도롱뇽의 입장에서 세상을 보거나, 심지어는 바다의 입장에서 사물을 보려고 하는 노력을 포기할 생각이 없다. 최근 내가 관심을 가지고 있는 해양사막화 같은 주제는 때때로 바다의 입장에 서 보고 사유할 필요를 만들기도 한다.

그런 점에서 아마미야 카린은 내가 눈을 빌리는 가장 중요한 동료

중의 하나이다. 물론 그녀가 하는 말이 다 맞다거나 아니면 그녀를 통하지 않으면 청년 당사자 운동은 안된다거나 그런 생각을 하는 것은 결코 아니다. 그러나 여러 가지 면에서 그녀는 나의 중요한 관찰 대상 중의 한 명이고, 또 어떤 사람을 그렇게까지 자세하게 생각해 본 것은 아마도 최근 들어서 없을 것 같다. 너무 우연한 기회에 만났던 한 사람, 그리고 그에 대한 관찰들, 이런 것들에 대한 간략한 얘기들을 한국의 독자 여러분들과 이번 기회를 통해서 같이 나누고 싶다는 것이 이 글의 목적이다.

전향

지난 2008년 대선 때 지금의 이명박 대통령은 참으로 경이로운 기록으로 대통령이 되었고, 그야말로 점령군이 된 것처럼 한국을 간단하게 접수했다. 본질은 토건이고, 현상은 시장인 이 특수한 신념을 가진 사람들에게 한국은 아마도 피점령지와 비슷했을 것 같다. 이 과정이 고통스럽지 않았다면 거짓말일 것이다. 나는 괴로웠고, 앞으로 우리에게 도래할 변화들을 그야말로 떨리는 마음으로 불안하게 기다리고 있던 것이 사실이다. 게다가 아마 천지가 개벽할 정도의 변화가 없다면, 다음 대통령은 박근혜가 되지 않을까? 어쨌든 박근혜는 대선 이후로 흔들림 없는 차기 대통령 출마자로 적지 않은 국민들이 지지하고 있는 상황이다. 가만히 생각해 보면, 대부분의 사람들이 생각하는 이 흐름대로라면, 이명박 5년에 박근혜 5년을 보태고 나면 10년이 간다. 거기다가 '대운하 전도사' 이재오까지 대통령하겠다고 나선다면(혹은 정몽준 등등이) 그야말로 15년을 이 모양대로 살게 되는 셈이다.

10년이라고만 치더라도, 지금의 20대들에게 자신들의 10년은 그렇게 보내는 셈이고, 나도 그렇게 10년을 지내고 나면 그나마 남은 40대가 다 끝나고, 기력이 빠진 50대가 되어있을 것이다. 이 어처구니 없는 불도저 중독자들과 좋든 싫든 10년을 같이 보내야 한다고 생각하면, 솔직히 나는 암담하다. 그렇다고 '대동단결'이라는 구호를 다시 꺼내들면서 민주당이라도 도와야 한다고 말하고 싶은 생각은 추호도 없다. 근거리에서 보면, 한나라당만큼이나 민주당도 제 정신이 아니고, 한나라당에게 대운하가 있다면 민주당에게는 새만금과 경기운하가 있다. 상식을 가지고 본다면, 나는 이 두 집단에게서 어떤 본질적인 차이점도 잘 발견하기가 어렵다. '타칭 좌파정권' 10년을 보내는 동안에 한국에서 신자유주의가 완화되었다는 괄목할만한 증거도 잘 발견하기 어렵고, 20대 비정규직의 눈으로 본다면 정말이지 두 집단이 본질적으로 달라보이지도 않는다.

그리고 나면, 정말 정치 한번 치사하게 하는 '치사빤쓰' 민주노동당과 그로부터 뛰쳐나온 진보신당이 나타난다. 다들 "우리가 집권하면…"이라고 외치지만, 솔직히 민주노동당의 집권도 무섭고, 그렇다고 아무런 준비도, 진전된 고민의 흔적도 잘 보이지 않는 진보신당, 이 둘 중 어느 쪽이 집권하면(그럴 가능성 여부는 접어두더라도) 정말로 나라가 망할지도 모른다는 또 다른 현실적인 걱정이 있다.(두 당의 지지자들에게 나의 이 말은 적대적인 어법으로 들릴까?) 나는 어차피 이생에서는 잘 먹고 잘 살고, 편하게 사는 것은 어느 정도는 포기한 몸, 그냥 시간강사로 갈 때까지 가 보고, 더 이상 건강이 허락하지 않으면 농촌에서 나머지 여생을 보내기로 어느 정도 굳게 결심하였다. 그런 내게도 지금의 시간들이 이렇게 고통스러운데, 다른 사람들에게는 오죽 할까, 주제넘지만 그런 안타까운 생각을 하지 않을 수가 없다.

별로 심각하게 고려하지는 않았지만, 내 주변 사람들 중에서 나에게도 우파로의 전향을 권고한 사람들이 있었다. 국제협상가로 다시 일하고 싶지 않느냐고 하기도 하고, 재주가 아깝다고 하기도 하고, 높은 자리 한 번 해봐야 하지 않겠냐고 말하기도 한다. 물론 나는 별로 재주가 있다고 생각하지도 않고, 또 높은 자리에 가고 싶은 생각도 없다. 무엇보다 나는 게으르기 때문에, 아침 7시부터 출근해서 움직여야 하는 그런 일을 다시 하고 싶은 생각이 없다. 어쩌면 내가 좌파이고, 생태주의자로 남아있는 것은, 지독하게 게으르기 때문인지도 모른다. 우파로 전향하는 것도 부지런한 사람들이나 할 수 있는 일이다. 자신의 과거에 대해서 반성하고, 새로운 생각을 정리하고, 그러고 나서도 또 새로운 비전을 제시하는 일, 이게 보통 부지런한 사람이 아니면 못 하는 일이다. 나처럼 12시 전에 약속장소에 가는 것이 '빅 어드벤처'인 게으름뱅이에게는 그게 설령 조국의 운명이 걸려있다고 해도, 사상적 전향이라는 것은 감히 꿈도 꾸기 어려운 부지런한 사람들이 하는 일인 터이다.

어쨌든 내가 그렇게 천성적인 게으름 속에서 가끔 분노하고, 가끔 웃고, 가끔 미친놈처럼 DVD 틀어놓고 찔찔 거리면서 우는 동안에도 알게 모르게 꽤 많은 사람들이 우파로 전향한 것 같다. 안 그래도 좌파는 희귀종인 한국에서 꽤 많은 사람들이 한나라당에 줄을 섰고, 대운하에 찬성하기 시작하고, 또 낙하산 사장들에게 줄을 대면서 동료들의 밀고자가 되기도 하였다. 누가 누구에게 손가락질할 수 있겠는가? 다 먹고 살자고 하는 짓인데, 손가락질도 부지런한 사람들이 하는 일이다.

어쨌든 길다면 길고 짧다면 짧은 40년 정도 세상을 살면서, 사실 내

주변에서 좌파에서 우파로 전향한 사람들은 참 많이도 봤다. 가끔은 "그렇게 돈과 명예가 좋더냐"라고 한 마디 해주고 싶은 생각이 들기도 하는데, 그래봐야 이미 생각이 바뀐 사람의 등에 한 마디 하는 것이 그렇게 썩 효율적인 것은 아닐 것 같아서, "그래, 골프만 치지는 말아다오"라고 말하는 정도였다. 내 주변에서, 그것도 어느 정도 이름이 알려진 공인 중에서 우파에서 좌파로 전향한 것을 목격한 첫 번째 사람이 바로 아마미야 카린이었다.

한국에서 우파에서 좌파로 전향한 사람이 과연 있기나 한지, 잘 모르겠다. 일본에서도 많지는 않을 것 같다. 막심 고리키의 소설 《어머니》 같은 데서나 가끔 본 이런 얘기를 현실에서 봤으니, 나 같은 촌놈이 얼마나 놀랐겠는가. 정말로 아마미야 카린은 우파에서 좌파로 전향한 내가 아는 첫 번째 인사였다.

우익 펑크 밴드 '유신적성숙'

정몽중 의원이 얼마 전에 "'아스팔트 우파'는 '극우파'가 아니라 '행동하는 우파'"라고 말한 적이 있다. 현대가문의 귀공자께서 대선 한 번 나와 보겠다고 참 애 많이 쓰고 계신다는 생각이 들었다. 아스팔트 우파는 누가 뭐래도 극우파이고, 아무리 넓게 스펙트럼을 잡아도, 합리적 보수 혹은 '점잖은 우파'와는 좀 거리가 멀다. 독도 애기가 나올 때마다 한국의 방송들에서는 '일본 극우파'라는 표현을 아주 폭넓게 사용한다. 그 일본의 극우파와 파트너가 되는 사람들이 바로 한국의 극우파라고 할 수 있다.

한국의 아스팔트 우파와 일본의 봉고차 우파.

어쨌든 바로 이 극우파, 그게 아마미야 카린의 첫 번째 정치적 출발이었다. 군복을 입고 대학 행사에 우익인사로 참여하던 한 여가수, 이게 과연 상상이 가능할까? 어쨌든 이게 아마미야 카린의 10년 전 모습이었고, 정말 그 이름도 유치찬란한 애국 펑크밴드, '유신적성숙'을 결성하는데, 이 밴드의 보칼이 바로 아마미야 카린이었던 것이다. 내 주변에도 펑크와 사이키델릭을 하는 음악가들이 조금 있기는 한데, 정말로 펑크라는 음악 장르를 가지고 극우파가 될 수 있는지 아직 잘 이해가 가지는 않지만, 어쨌든 그런 극우파 그것도 천황표 우파 활동을 했으니, 지금 한국에서 우파로 전향한 그런 어정쩡한 우파 혹은 "우파 해야 밥 먹고 산다"는 기회주의형 우파가 아니라 본방 극우파였던 셈이다. '젊은 조갑제'아니면 '여성 김흥국' 정도 되는 셈이다. 축구 쇼비니즘의 선

봉장에 서 있는 김홍국 정도의 삶이 아마 특별한 일이 없다면 아마 미야 카린의 삶이 되지 않았을까 싶다. 아, 사소한 차이점은 있다. 일본의 극우파들은 한국의 극우파들처럼 자식들 조기 유학 보내고 기러기 아빠 한다고 그런 황당한 일은 하지는 않는 것 같다.

물론 그렇다면 그녀는 그 시기에 부유했을까? 실제 그녀는 우익 단체에 가입해서 적극적으로 활동하던 시기에 실제로는 비정규직의 삶을 살았다고 알고 있다. 1996년의 일이다. 비정규직이 우파를 지지하는 것은 사실 경제적으로 합리적인 선택은 아니다. 대부분의 우파 정당들은 비정규직 문제를 더욱 악화시키고, 이들에게 사회적 안전망을 박탈하거나 축소시키는 일들을 하기 때문이다. 그러나 세상이 어디 그렇게 늘 합리적으로만 움직이던가? 한국이나 일본이나, 공통점 하나를 찾자면 정치가 아주 후진적이라는 점이 있을 것이고, 흔히 계급투표라고 하는 것들 그리고 합리적인 대의제 정치가 거의 움직이지 않는다는 점을 들 수 있을 것이다. 한국의 정치인들이 대중에게 배신자인 것만큼이나 일본의 정치인들도 그런 것 같고, 경제적 이해와 같은 소위 '계급' 분석으로는 전혀 투표 성향을 이해할 수 없을 만큼 뒤죽박죽인 된 사회이다.

어쨌든 그런 혼동기에 일본도 신자유주의가 본격적으로 받아들여지기 시작하면서 '격차사회'라고 부르는 새로운 변화가 생겨나고 있었다. 그녀가 우익단체를 탈퇴한 것은 1999년의 일이고, 이 시기부터 우리가 기억하는 화려한 아마미야 카린의 시대가 펼쳐지게 된다.

르포작가로의 변신

극우파 펑크록 가수에서 사회파 르포작가로 변신한 이후의 아마미야 카린은 《생지옥 천국》, 《자살의 코스트》, 《살게 하라! – 난민화하는 젊은이들》, 《우익과 좌익은 어떻게 다른가》와 같은 일련의 문제작들을 써내면서 아주 빠른 시간에 일본 사회의 주목을 받게 된다. 직업으로 보면, 가수에서 작가로 변신한 것이고, 사상적으로 본다면 우파 예술인에서 좌파 운동의 리더로 변하게 된 셈이다. 이 중간에 벌어진 일들이 내가 아마미야 카린에게서 찾아보고 싶은 변화의 단초 중 하나이다. 아마미야 카린에게 가능했다면, 한국의 20대 혹은 한국의 예술가들에게도 변화는 가능하지 않을까? 혹은 유사한 모델이라도 한국에서 찾아볼 수 있을까? 그런 고민들을 하면서 아마미야 카린이 지나온 흔적들을 조금씩 더듬어 보기 시작했다.

아마미야 카린이 특이한 한 명의 불세출의 예술가 혹은 특별한 천

재라고 하면, 얘기는 여기에서 종료한다. 아, 아주 잘난 20대가 한 명 있었어. 그리고 그녀는 극우에서 극좌까지 사상들을 한 번씩 섭렵했고, 가수로도 성공했고, 작가라도 성공했고, 심지어는 대중 지도자로도 성공했어! 왜냐고? 잘났으니까. 물론 아마미야 카린이 드물게 강인하고 또한 섬세한 감정의 소유자이기는 하지만, 그렇다고 혼자서 모든 것을 다 할 수 있는 그런 만능형 슈퍼스타는 아니다.

여기에 내가 생각하는 당사자 운동의 매력이 존재하는 것 같다. 20대 혹은 청년의 경제적 실존에 대한 고민과 고찰은 전혀 새로운 사회적 자각을 만들어줄 수 있고, 또 기존의 너무 뻔한 사회 인식을 전환할 수 있는 계기로 작용한다. 어떻게 보면, 아마미야 카린은 일본의 당사자 운동이 만들어낸 일종의 영웅이다. 그녀는 실제로 프리터 노조 결성, 파견 노동자 운동과 같은 조직적인 일에서, 고바야시 타키지小林多喜二의 《게공선蟹工船》붐을 다시 만들어내는 것에 이르기까지, 지난 2~3년간 일본에서 진행된 주요한 비정규직 관련된 일에 빼곡하게 이름을 올려놓고 있다. 그런 그녀의

고바야시 타키지의 노동 소설 《게공선蟹工船》(1929)은 일본 프로문학 최고의 고전으로 일컬어진다. 빈곤이 사회적 문제로 확대되는 것을 배경으로 《주간 금요일》은 2008년 이 책을 복간, 《게공선》붐을 일으킨다. 아마미야 카린이 해설을 썼는데, 이것이 크게 작용한 것이라는 데 별다른 이견이 없다.

활동범위도 놀라운 일이지만, 그런 일이 가능할 수 있었던 일본의 최근 변화도 역시 놀라운 일이다.

물론 이런 그녀의 활동에 대해서 일본 내의 많은 운동 단체들이나 좌파 계열 기구들이 호락호락하게 그녀에게 영웅의 자리를 제공한 것은 아니라고 알고 있다. 한국의 좌파들이 여전히 20대들에게 주요한 역할을 주고 싶지 않아 하고, 비정규직들을 자신의 하위 부문 운동의 장식품 정도로 간주하고 있는 현상이 어느 정도는 일본에서도 그대로 존재하고 있는 것 같다는 느낌을 받았다. 어쨌든 그녀는 조직에 익숙하고 잘 훈련된 그런 인물은 아니고, 돌출적이며 도발적이고 또한 예측불허의 그야말로 비정규직 스타일의 활동가이기 때문이다.

한국에도 르포작가들이 활동을 하고 있고, 김순천을 비롯한 르포작가들이 쓴 비정규직 노동자 문제를 다룬 《부서진 미래》(삶이 보이는 창, 2006년)과 같은 작품이 있기는 하다.(비록 많은 주목을 받지는 못했지만.) 한국의 르포작가들이 아직은 사회적 움직임이나 문화의 흐름 속에서 주변부에 밀려 있는 것과 달리 아마미야 카린의 활동이 놀라운 것은 사실이다. 한국의 르포문학과 비교해보면, 르포작가로서의 아마미야는 작가이며 동시에 활동가이고, 또한 조직가로서의 역할을 동시에 수행하고 있는 셈이다. 이게 개인적 능력의 차이 때문인지, 아니면 출판문화나 사회적 여건의 차이 때문인지에 대해서 가끔은 질문해 보게 된다.

여기에 대해서 가장 쉬운 답변이, 일본은 출판문화가 한국과 다르다고 이야기하는 방식이다. 물론 일본은 한국보다 출판시장이 크기는 하다. 그러나 사회과학 출간이나 르포 분야로 들어오면, 역시 2,000~3,000부 넘기는 게 숨넘어갈 정도로 답답한 것은 크게 다르지는 않다.

어떻게 보면 아마미야 카린의 글들은 가볍고, 발랄하고, 때때로 르포 문학이라는 관점에서는 약간은 진중하지 못하다고 지적할 수 있을 것 같기도 하다. 그러나 프리터 문제에서 아키하바라秋葉原 살인 사건에 대한 분석에 이르기까지, 그녀는 사건의 핵심을 건너 뛴 적이 없고, 사람들이 주목하지 못하던 요소 몇 가지를 맥락 속에서 재연하는데 탁월한 재주를 가지고 있는 것 같다. 그리고 그런 글쓰기가 비정규직과 20대 백수 즉 정규직 종신고용 체계 바깥에 있던 사람들의 눈높이에서 효율적으로 전달되고 있다는 사실을 무시하기는 어렵고, 또한 독자에게 일종의 일탈 파토스 같은 것을 만들어주는 것도 사실이다. '롤 모델'이라는 관점으로 보면, 1975년생인 가수 출신인 이 르포작가는 어느 정도 일본의 20대들에게 중요한 참고자

료가 된 것 같다. 저렇게 재밌게 놀고, 저렇게 신나게 사는데도, 의미 있는 일을 할 수 있고, 또 밥도 먹고 살 수 있다니! 그런 그녀가 사회적으로 롤 모델이 되지 않는다면 오히려 이상한 일일 것 같다.

《주간 금요일》 편집위원으로서 아마미야 카린

지금의 아마미야 카린은 단순한 르포 작가나 청년 선동가를 넘어서 일본 사회의 재구성에 대한 기획자 중의 한 명이라는 사실은 또 좀 놀랍다. 실제로 처음에 아마미야 카린을 만나게 된 것은 《주간 금요일》의 편집위원 중 한 명과의 대담이라는 형식으로 만났던 것인데, 그 때 나는 내가 얼마나 대단한 사람과 만나는 것인지 전혀 몰랐다. 그야말로 나는 동아시아의 중요한 흐름 중에 한 맥락을 전혀 모르고 있었던 셈이다. 이 사실을 좀 재밌게 얘기하기 위해서는 《주간 금요일》이라는 잡지에 대해서 조금 더 알면 좋을 것 같다.

일본의 신문들을 이념지형에 따라서 쭉 줄을 세우면, 맨 오른 쪽에 《산케이》 신문이 놓인다. 《88만원 세대》를 출간하고 난 다음에 제일 처음 내가 만났던 일본 매체가 바로 이 신문이었다. 그리고 순서대로 《마이니치》, 《아사히》 신문 같은 게 오고, 중도 쪽에 있던 《도쿄신문》이 요즘은 훨씬 왼쪽으로 이동한 셈이다. 최근 조중동이 방송을 겸업하겠다고 MBC 사태로 불리는 일련의 사태의 맨 앞에 서 있는데, 이 원형 모델이 바로 《아사히》이다. 《아사히》는 별도의 자본의 도움을 받

시사종합주간지 《주간 금요일》과 이 출판사에서 나온 공전의 베스트셀러 《이것만은 사지 말자》 (1999).

지 않는데, 그 대신 방송을 가지고 있고, 그래서 조중동도 방송이 필요하다고 주장할 때 이 신문을 주로 거론하는 것이다. 최근 신문 논조가 아사이보다 더 왼쪽에 위치한 《도쿄신문》의 경우는 선동열로 한국에 유명해진 주니치가 모기업이다. 자본은 좀 튼튼한 편인데, 신문편집에 특별한 개입을 하지 않기 때문에 기자들의 독자성이 자유로운 편으로 알고 있다. 사람들이 하는 말이기는 하지만, 어쨌든 일본 공무원들이 자신들의 생각을 정할 때 최근 가장 많이 참고하는 신문이 《아사히》라고 들었다. 일본 공무원들에게 직접 들은 얘기니까, 어느 정도 신빙성이 있는 얘기일 것이다.

어쨌든 이런 신문 지형에서 《아사히》의 논조에 불만이 있어서 퇴직한 기자들이 모여서 만든 잡지가 바로 《주간 금요일》이다. 정론지

를 표방하는 《아사히》가 다룰 수 없는 주제들 혹은 마음에 들지 않는 논조들 때문에 만들어진 잡지가 《주간 금요일》인 셈이다. 한국의 경우로 치자면, 《한겨레》쯤 되는 신문사의 기자들이 "우리 신문은 너무 점잖아!"라고 불만을 토로하며, 엄청 직설법을 쓸 수 있는 그런 주간지를 하나 만든 셈이다. 아니면 《시사저널》에서 기자들이 독립해서 차린 《시사인》 정도 된다고 할까? 어쨌든 두 개의 잡지 모두를 조금씩은 경험해본 내 감상은 《시사인》도 좀 무겁기는 한데, 《주간 금요일》은 그보다 훨씬 더 무거운 잡지이다. 전자의 경우 젊은 기자들이 주축이 된데 비해서, 《주간 금요일》의 주요 의사결정자들은 그야말로 원로급 인사들이고, 그래서인지 글자, 색채, 기사 헤드 뽑기, 이런 것들이 전체적으로 무겁고, 그야말로 진중하다.

한 마디로 전통적인 주제를 기존 매체의 글쓰기 방식과는 다르게, 훨씬 더 무겁게 다루어보자는, 그런 정도의 분위기라고 할 수 있다. 이 정도면 처음에 모아놓은 자본금 다 까먹고 나면, 적자누적으로 폐간, 자연스럽게 이런 분위기로 갈 것으로 예상할 만하다. 실제로 그런 분위기이기도 했었는데, 이 잡지에 명랑 코너처럼 연재하던 〈이것만은 사지말자〉라고 하는 소비자 운동과 연결된 기사들이 나중에 책으로 발간되면서 수백만 부의 선풍적 인기를 얻게 되었다. 나중에는 다른 출판사에서 모방품까지 출간을 하는 정도가 되었으니, 이 한 권으로 《주간 금요일》이 그간의 적자를 다 털고 튼튼한 잡지사로 다시 태어나게 된 셈이다. 이런 분위기 속에서 이 잡지의 출판부가 일본 프로문학의 고전 《게공선》을 출간하였는데, 이 1929년의 딱딱한 좌파 운동 소설이 다시 수십만 부 20대들에게 팔리는 일이 벌어졌다. 2008년 《게공선》 붐과 함께 지역별로 프리터 노조와 같은 그야말로 당사자 조직이라고 할 수 있는 것이 생겨나게 되었고, 일본 공산당에 수만 명이 가입하게 되는 일이 벌어졌으니, 《주간 금요일》이 일본 사회의 기획 한 가운데 들어가 있음을 부정할 수는 없을 것이다.

이 사건의 한복판에 이 잡지의 편집위원으로 활동하는 아마미야 카린이 있다. 이번에 나온 《게공선》은 1920년대의 일본어를 현대 일본어로 20대들에게 친숙할 수 있도록 문체조정을 한 것인데, 여기서 주목할 일은 이 책의 추천사를 바로 아마미야 카린이 썼다고 하는 것이다. 어떤 면에서는 일본의 20대~30대에게 아마미야 카린은 이미 시대의 아이콘이며 거부하기 어려운 매혹 같은 것인데, 아마미야 카린이 보는 것은 자신들도 볼 수 있다는, 어떻게 보면 20대 당사자 운동 같은 데, 초기 《딴지일보》의 김어준 총수 같은 위상을 가지고 있다고 할 수 있다. 김어준은 이미 '형님'의 시대로 넘어갔고, 한국의 20대들에게 "자식들아, 그렇게 찌질하게 하지 좀 말고"

라고 하는, 복학생 단계를 넘어 이미 배 나온 형님의 포지션으로 넘어간 셈이라고 할 수 있다. 그런 김어준이 열 살 정도 갑자기 어려져서, '형님'이 아니라, "친구들, 우리 재밌게 놀아볼까?"라고 움직일 수 있다면 어떨까? 어쨌든 일본에서의 아마미야 카린의 분위기를 한국식으로 표현해 보면 그렇다는 얘기다.

한국, 제로 세대의 실종

나는 일본 소설이나 문학에 정통했다 할 만큼 그런 문화적 소양을 갖춘 사람이 아니다. 물론 그런 분위기들까지 다 잘 알면 좋겠지만, 게으른 나에게 그건 불가능한 일이다. 가장 최근에 읽은 일본 소설은 아베 가즈시게라는 차세대 주자로 분류되는 작가의 《니뽀니아니뽄》(웅진, 2008)이라는 책이다. (여담이지만, 중국을 방문했을 때, 이명박 대통령이 받아온 바로 그 따오기에 대한 이야기인데, 따오기의 학명이 바로 '니뽀니아 니뽄'이라서 일본에서 국조처럼 여겨지는 멸종된 어느 새의 복원과 이를 반대하는 어느 청년에 관한 이야기가 바로 이 소설의 줄거리다.)

아마미야 카린의 경우도 그렇지만 2000년 즈음해서 일본에서는 일련의 문화·예술인들이 등장을 하였고, 이를 '제로 세대'라고 부른다고 알고 있다. 이건 나이에 따른 분류가 아니라 데뷔 시점에 의한 분류인데, 평론계에서는 이미 일정하게 세를 형성하고 있다고 해서 그런 식으로 불린다고 알고 있다. 일본은 1990년대 내내 '잃어버린 10년'이라고 부르는 버블 공황이 있었고, 리조트법(1988년)의 시행과 함께 골프장과 아파트로 상징되는 토건주의는 한 풀 꺾이면서 사회적으로 정리가 된 상태가 2000년 즈음부터 시작된다. 한국은 아파트를 사면 가격이 떨어지지 않고, 오래 가지고 있어 특히 건물 상태가 노화될수록 가격이 올라가는 현상을 갖는다. 이게 바로 '밀도의 마술'이라고 할 수 있는 재건축이 만들어내는 한국적 특수상황이다. 그래서 아직도 멀쩡한 20년 갓 넘은 아파트를 일부러 보수하지 않고서는 재건축을 해야겠다고 거주민들이 우기는 그런 웃기도 어렵고, 생태윤리의 관점에서도 건전하지 않은 일이 벌어진다. 보통 아파트와 같은 유형의 공동주택은 구매 시점부터 노후에 따라서 자연스럽게 가격이 떨어지는 것이 당연하고, 또 그래야 아파트의 투기적 목적 같은 것들이 사라지게 되는 정상적인 시스템이 된다. 우리나라의 다세대나 빌라가 그렇고, 또 대부분의 나라의 주택들이 구매 시점부터 약간씩 가격이 하락하는 추세를 보여준다. 그러한 아파트의 정상화가 일본에서는 대체적으로 2000년 즈음에서 회복되었고, 그 즈음에서 소위 일본의 토건족 정서와는 좀 다른 생각을 가진 일련의 다음 세대 작가와 예술가들이 등장하는 것 같다.

한국의 경우는 서태지의 등장을 즈음하여, 1990년대 중후반에 이념의 시대를 넘어 문화의 시대를 만들고 싶어 했던 일련의 흐름에 유리한 여건이 조성되었던 것이 사실이었다. 만약 한국에서 단 한번 '문화 빅뱅'이라는 것이 있었다면 이때를 거론할 수 있을 것이다. 이 시기에는 사회과학도 번성했지만, 동시에 예술과 문화와 관련된 모든 활동들이 주목을 받았고, 또 '헐리우드 키드'라고 불리는 새로운 세대 영화감독들이 등장하던 흐름이 존재했었다. 만약이 시기가 조금만 더 지속되어 견고하면서도 일본처럼 '조밀한' 문화 생산자의 시대가 열렸다면 한국 사회와 한국 경제의 전개과정도 전혀 다른 방식으로 갈 수 있었을 것이라고 생각해볼 수도 있을 것이다. 그러나 공동체, 문화, 연대, 협동과 같은 비시장적 가치non-market value가 시장과 경쟁하면서도 보완하게 되는 그런 장치들을 만들어내기 전에 한국에는 IMF 경제 위기가 들이닥쳤다. 그리고 그 야말로 미처 데뷔하지 못하거나, 자신을 개별적으로 재생산할 수 있을 정도의 최소한의 경제적 장치나 기반을 형성하지 못한 다음 세대들은 급격하게 몰려든 신자유주의적 경제 질서 앞에서 소위 '판'을 떠나거나 아니면 1차 생산자가 아니라 출판사의 에디터나 잡지사의 기자로 2차 생산자의 삶을 살게 된 셈이다. 어떻게 보면, 1990년대 이후 학번들이 한 번쯤은 1980년대와는 전혀 다른 문화적 지평에서 독자적인 그림을 그려보고, 그것이 무엇이 되었든, 신자유주의 질서와는 조금은 다른 그런 문화 다양성 혹은 그 무엇이라도 지향하면서 공통의 기반을 만들어볼 수 있었던 기회는 이렇게 한국에서 사라졌다. 한국 문화의 열린 공간은 이렇게 급격히 닫혀 나갔고, 그 이후에 한국은 극도의 배금주의와 "아파트가 돈 되는 것"이라는 두 가지 가치가 결합하면서 매우 빠르게 '마케팅 사회'로 전환되는 과정을 걸어갔다고 할 수 있다.

일본이 만약 토건국가라면, 한국은 '하이퍼 토건 국가'라고 할 정도로, 국가가 적극적으로 토건의 주체로 나서서 아파트를 축으로 하는 투기 경제와 생태계 수탈의 적극적인 주체로 최전선을 형성한 셈인데, 불행히도 북한과의 햇빛정책 외의 내치에는 특별히 관심이 없었던 김대중 대통령 시대에 한국은 급격하게 배금주의로 전도되었다. 전통적 가치든, 사회적 가치든, 그런 것들을 사회에서 받아들이고 재생산하는 데 실패하였고, 완벽하게 한국의 문화는 민족주의 쇼비니즘으로 가던가, 아니면 스노비즘으로 가게 된 셈이다. 한국 문학에서 가장 수치스러운 사건으로 내가 생각하는 것은 원로 중의 원로인 소설가 최인호가 아파트 광고에 나섰던 사건이라고 기억된다. 가치의 사회적 생산 혹은 새로운 가치의 모색이라는 문화의 1차 생산자들은 한국에서 거의 완벽할 정도로 토건국가의 흐름에 포섭된 셈이고, 한국을 작동시키는 근본적 원리인 재건축·아파트에

'명품' 이라는 장식품으로 앞줄에 선 원로들이 나선 것은 정말로 수치스러운 일이다.

어쨌든 〈스튜디오 지브리 Studio Bhibli 〉를 축으로 일본의 에니메이션들이 생태주의적 감성과 함께 문명 사회에 대한 새로운 모색을 고민하고 있는 동안에, 2000년 이후로 다음 세대의 배출에 실패한 한국의 문화예술계는 사실상 신자유주의적 경제 질서와 토건주의의 확대에 대해서 눈을 감거나, 아니면 적극적으로 여기에 올라탔을 뿐이다. IMF의 스포츠 스타 박찬호가 돈을 벌어서 제일 먼저

별도의 설명이 필요 없는, 현대 문명 비판 애니메이션의 거장 미야자키 하야오宮崎駿. 〈스튜디오 지브리〉는 그가 중심이 되어 건립한 종합예술센터.

한 것이 빌딩을 사들인 일이고, 서태지가 돈을 벌어 제일 먼저 한일 역시 그것이었다. 이래서야 반지하나 옥탑방에서 습작시절을 보내는 다음 세대가 등장할 수 있을 턱이 없지 않은가?

한국의 빈곤 문제

아마미야 카린을 보면서 내가 고민했던 질문들이 몇 가지 있는데,

어쨌든 그 중에서도 가장 큰 고민은 한국에서도 다음 세대의 영웅들이 나올 수 있을 것인가의 문제였다. 일본의 경우는 지금의 25세에서 35세 정도의 사람들을 '로스 제네ˡᵒˢᵗ ᵍᵉⁿᵉʳᵃᵗⁱᵒⁿ'이라고 부른다. 나에게만 그렇게 느껴지는 것인지는 모르겠는데, 기이하게도 이는 일본식 영어 발음으로 '네오 리베ⁿᵉᵒ⁻ˡⁱᵇᵉʳᵃˡⁱˢᵐ'과 묘하게 댓구對句를 이룬다. 2001년부터 2006년까지 일본 총리를 지냈던 고이즈미는 일본에서의 신자유주의가 가장 강력했던 시절을 상징한다. 그리고 그 가장 명료한 상징으로 자리 잡고 있는 것이 2005년 8월의 일본 우정국郵政局(公社) 민영화 사건이라고 할 수 있다. 우정국 민영화 법안은 중의원을 무사히 통과하였지만, 참의원 본회의에서 부결되었다. 그러자 8월 8일, 중의원을 아예 해산시켜버렸는데, 그래서 이를 '우정국 해산'이라고 부른다. 내각에서 중의원 해산에 반대한 시마무라 요시노부 농림수산성 대신은 파면해 버렸다. 참의원을 해산해 버릴 정도로 일본에서도 신자유주의의 흐름은 강했고, 이 시기를 즈음해서 많은 일본 기업들도 일본식 고용방식인 종신고용제를 폐지하게 되었다. 지금 우리가 파견 문제라고 알고 있는 일본의 비정규직 문제가 본격적으로 펼쳐진 것이 바로 그 고이즈미 시절의 일이었던 것이다.(나중 2007년 10월 1일, 일본우정공사는 일본우정그룹日本郵政グループ이란 이름의 민간소유 기업으로 전격 전환된다.)

그 이후에 전개된 일본 사회의 해체는 기존의 오타쿠オタク를 지나 프리터, 워킹 푸어 등의 현상으로 우리에게도 잘 알려져 있고, 최근 에는 '프레카리아트' 라는 형태로 형상화되고 있다. 이러한 일련의 주제와 함께 '홈리스' 와 같은 문제들을 통칭적으로 일본에서는 '빈 곤' 이라는 주제로 분류하고 있다.

일본에서 빈곤은 사회과학만큼 큰 주제어인데, 내가 방문해본 몇 개의 서점에서 사회과학 코너만큼의 크기를 가지고 빈곤에 관한 코 너가 별도로 마련되어 있을 정도이다. 이 빈곤으로 분류되는 발간 물들이 대개 고이즈미 시절에 발생했던 신자유주의의 폐해에 대한 얘기들 혹은 그 사람들의 애환이나 크고 작은 대처 방법들 같은 것 들로 구성되어 있다. 물론 이 책들이 다들 잘 팔리고, 또 여기에 관

일본 서점의 한 코너를 이루고 있는 (반)빈곤 관련서적들

계된 사람들이 어느 정도 삶이 구성된다고 그렇게 과장하고 싶지는 않다. 한국에도 《가난뱅이의 역습》(이루, 2009)이라는 제목으로 출간된 마쓰모토 하지메松本哉처럼 정말 빈곤하게 살고 있는 저자들도 있다. 물론 그에게 '저자'라는 말을 붙여주는 것이 합당한지도 잘 모르겠다. 그는 '가난' 그 자체가 자신의 영역이 된 일종의 가난 활동가, 즉 그야말로 빈곤 활동가의 한 가운데 있는 사람이니 말이다.

그와 비교하자면, 한국에는 그 '빈곤' 칸 하나가 없는 게 현실이다. 소설의 영역에서 일부 이 문제를 다루고 있지만, 서사의 맥락이 구조가 아닌 개인의 문제로 치환된다는 점에서 일본에서 빈곤이라는 주제를 다루는 방식이나 태도와는 조금은 궤적이 다르다. 우리 식으로 분류한다면, 르포문학에서 조금 심각한 체험수기 그리고 사회과학적 분석에 이르기까지의, 다시 말해 일련의 가벼운 책에서 무거운 애기들까지의, 그 중첩된 부문이 우리에게는 없는 셈이다. 물론 한국에 프리터나 비정규직 문제가 없다면, 얼씨구나 행복한 일이다. 빈곤 문제가 일본에는 심각하지만 우리에게는 없다면 정말로 이보다 더 행복한 일이 없다고 할 수 있다. 그러나 내가 이해하는 바로는, 실상은 전혀 그렇지 않다. 일본에 PC방이 있다면 한국에는 고시원이 있다. 일본의 아키하바라 살인사건에 해당하는 것으로 한국의 고시원 방화사건이 있다. 아마미야 카린이 잘 분석했듯이, 이 두 가지는 서로 맥이 닿아 있는 같은 경제사회적 구조 내에서 필연적으로 발생하는 사건들이다.

서로 다른 두 사회에서 각기 발생한 문제들의 경중을 따지기는 쉽지 않지만, 이 외에도 한국에는 차마 수치도 공개적으로 셀 수 없는 사회부적응자의 문제가 있다. 아무도 드러내놓고 있지 않지만, 히키코모리라고 부르는 은둔형 외톨이를 넘어 정말로 정신적으로 사회부적응자의 상태에 있고, 실제로도 치료 받고 있는 20대의 숫자가 지금 적지 않게 있다. 한마디로 비가시적인 존재, 말 그대로 지워진 사람들이다. 그리고 나아가 이 역시 학계에서나 혹은 그 어떤 사회적 분석의 대상으로 아직 거론되지 않는, 경제적 활동과 사회적 활동을 거부하는 30대 초중반에서 40대 초에 이르는 여성들의 문제가 있다. 이들은 스스로 자신을 대변하지도 않을 뿐더러, 사회적 존재로 자신을 드러내려고 하지도 않는다. 예전의 '커리어 우먼', 지금의 '알파 걸'이나 '골드 미스'와 같이 취직한 여성들은 한국 사회에서 '승자'라는 형태로 곧잘 찬미의 대상이 되지만, 경제적 활동을 하지 않는 미혼 여성들에 대한 얘기들은 신자유주의의 뒷골목에서 아무도 들여다보지 않은, 이 역시 한국형 빈곤 현상의 하나인 것이다. 그러면 이들은 대체 뭐 먹고 사느냐? 약간의 알바와 부모들에게 경제적 지원을 받고 있지만, 그 외에는 다른 선택의 여지는 거의 없어 보인다. 이들 역시 한국 사회에서 지워진 사람들이고, 잊혀진 존재들이다.

그렇다면 이런 서울에서 그런대로 아직은 삶을 지지할 부모들이 있는 사람들이 경제적 활동을 거부하는 것은 배부른 작태 아닌가라고 금방 의문을 제시할 수 있을 것이다. 뭐라도 하면 지금보다 나아질 수 있는데 왜들 그러는가? 이게 바로 이명박 대통령이 지금 한국 사회를 보는 눈이고, '삽질 경제'로 끌고 가도 얼마든지 '감지덕지' 할 유휴 노동력이 충분히 있다고 보는 시선과 동일한 궤적으로 세상을 보는 방식이다. 한 번 일자리를 찾기 위해서 노력해보시라. 단 일주일 아니, 단 하루라도 비정규직 알바를 경험해보고, 이렇게 살면 어떻게 될 것인가 삶의 견적표가 나오는지 말이다. 이걸 단순한 정보 제공의 실패라고 보거나, 아니면 '잡 미스매칭job mis-matching'이라고 보는 것은 구조적 시각이 너무 결여된 시각이다.

지금 한국을 지배하는 2퍼센트 남짓의 사람들은 한편으로는 이들을 증오(내지 멸시)하면서도, 또한 이들은 언제든지 자신들에게 표를 던져줄 수 있을 것이라고 믿는 그런 양가적 감정을 가지고 있는 듯하다. 사실 실제가 그렇기는 하다. 신자유주의와 토건질서가 아직도 굳건한 한국에서 가진 것이 보잘 것 없는 이들은 많은 경우 파편화되어 있고, 개별화되어 있고, 공식 경제의 언저리에 위치한 그야말로 경계인일 뿐이다. 어쩌면 이들은 더 보수적이지도 않고, 더 우파적이지도 않고, 다만 삶이 피곤할 뿐이라고 보는 것이 정확할 것이다.

물론 일본의 지배자들도 그런 일본의 젊은이들에게 '하류지향下流指向' 이라는 이름을 붙여주고 증오하면서, "이들 때문에 나라 망한다"고 했는데, 실상 한국에서도 상황은 다르지 않다. 이명박 대통령은 라디오 연설에서 "뜻이 있는 곳에 길이 있다"는 문장으로 한국의 청년 실업의 현황을 설명하였는데, 이 말은 뒤집으면 "너는 네가 뜻이 없으니 이 모양 이 꼴 아니냐"라는 말 아닌가? 문맥상의 함의는 일본의 지배층이나 한국의 지배층이 가지고 있는 생각은 정확히 똑같다.

2000년부터 지금까지, 대부업체가 공공연하게 TV 광고를 하면서, 이렇게도 뻔뻔하게 정규직들의 공식적 경제활동 밖이나 언저리에 속한 사람들에게 그나마도 부실한 고혈을 빨아먹는 것까지, 어쩌면 그렇게 일본과 한국이 똑같은지 모르겠다. 21세기의 영웅이라고 할 수 있는 매스미디어의 스타들이 실제 자신의 주머니에 들어가는 돈이 도대체 누구한테 오는 것인지도 생각하지 않은 채, "어서들 빌려다 쓰세요!"라고 말하는 것은 사회적 책임이라는 점에서 정말로 후안무치한 일이다. 돈 버는 것에 대해서 뭐라고 말하고 싶지 않다.

그러나 자신에게 돈을 벌 수 있게 해주는 사람들에게 칼날을 들이대는 대부업체 광고 같은 것 혹은 다단계 광고 같은 것은 좀 너무한 일이다. 그러나 이마저도, 한국과 일본은 너무 유사한 것이다.

미국 매스미디어는 슈퍼스타를 동원한 광고를 하지 않기 때문에, 톰 크루즈를 비롯한 할리우드 스타까지 앞 다투어 찾아가는 일본의 광고 시장, 그런 것이 전부가 일본 빈곤층의 고혈 위에 서 있다는 것은 너무 슬픈 일이다. 소위 중산층이라고 할만한, 즉 그런대로 먹고 살만한 사람 중에 대부업체에서 돈을 빌리고 결국 몰락하게 되는 사람이 얼마나 되는지 잘 모르겠지만, 어쨌든 내가 조사한 바로는 대부업체에 결국 손을 벌리게 되는 사람은 은행 신용이 충분치 않아서 은행에서 단기대출의 지원을 받기 어려운 사람들이다. 그렇다면 결국 한참 호황으로 경쟁적으로 신설되던 대부업체들의 이익이 결국 이 사회에서 가장 빈곤한 사람들로부터 나오는 것 아닌가? 내가 들었던 대부업체의 여러 이야기 중 가장 황당한 얘기를 한 사람은, 대부업도 애국 사업이라고 얘기하는 경우였다. 어차피 일본의 '쪽바리' 자본에게 갈 것을 한국 내에서 돌리니까, 이거야말로 일본에 대항하는 애국 사업이 아닌가라는 어느 한 대부업자의 얘기는, 정말 슬픈 애국이었다. 이 기이한 자본의 공조 속에서 지난 10년, 한국과 일본의 흐름을 되짚어보면 정말 어찌 이리 판박이처럼 똑같은가?

그러나 눈을 들어 지방으로 가면 한국의 경우는 조금 더 비극적이다. 물론 산업의 공동화空洞化와 제조업의 중국 진출붐은 일본의 경우도 예외가 아니라서, 히로시마와 같은 전통적 산업 도시의 경우에도 이제 더 이상 그 지역 대학 졸업생들이 과거와 같은 호황의 혜택을 누리기는 어렵다. 일본의 대부분 지역이 GRDP는 낮지만, 그래도 풀뿌리 민주주의와 사회적 자본의 확충 그리고 지역 단체들의 자구노력에 의해서 어느 정도는 풍요로운 사회라고 말할 수는 있다. 일본도 지역에 따라서 '삶의 질'을 확보한 지역이 있고, 더 어려운 지역이 있는 것은 물론이다. 그러나 한국처럼 수도권에 전 국민의 절반이 모여들어 살고 있고, 또 그 집중도가 점점 더 가속화되는 상태에서 소위 지방 - '지역'이 아니라 - 에서 벌어지는 빈곤 현상은 일본과 비교할 수 있는 정도가 결코 아니다. 제주 지역의 20대와 30대의 60퍼센트 가량이 은행에서 대출을 해주지 않는 '저신용' 상태라는 추정은 그야말로 지방에서의 빈곤 문제가 어느 정도로 심각한 것인가, 다시 한 번 생각해보지 않을 수 없게 해준다.

상황이 이 정도로 묵중하면, 이런 문제들 속에서 바닥으로부터 빈곤의 영웅 혹은 민중들의 영웅이 나올 법도 한데, 아직 한국에서는 그럴 기미는 별로 보이지 않는다. 영웅은 아니더라도 최소한 같이 모일 수 있는 일종의 지도자라도 나와야 할 터인데, 그런 기미 역시 보이지 않는다. 이미 나와서 존재하고 있는데, 다만 우리들의 눈에만 보이지 않는 것인가, 아니면 당분간은 그럴 일이 없을 것인가?

아직 채 날개를 펴지 못한 천사들

분산형과 중앙형이라는, 시스템 분석에서 사용하는 용어들이 있다. 어감 자체가 워낙 쉬운 말이기는 하지만, 막상 현실에 집어넣고 사용하려면 그 활용형이 보통 복잡한 것이 아니다. 가장 이상적이기 위해서는 중앙에서 전체에 관한 얘기를 해주는 사람도 필요하고, 지역이나 작은 조직에서 살뜰하게 살림을 하면서도 사람들의 믿음을 얻는 사람도 필요하고, 이 두 개의 서로 다른 위상을 연결시켜줄 수 있는 연결고리도 필요하다는 이야기이다. 실제 사회를 조금이라도 낫게 개선시키고, 경제적 상황을 신자유주의로부터 벗어나게 하는 데는, 이런 흐름들이 다 필요하다. 역설적으로 말한다면, 실제 신자유주의가 지난 몇 년 동안 광풍의 흐름을 만들 때에도, 이 모든 고리들을 우리는 다 가지고 있었다. 중앙에서 "부자 되세요"라고 외치는, 매스컴을 통한 마케팅 공세에서부터 CEO의 온갖 영웅담들, 지역에서 "땅값 올라야 이 지역 잘 산다"고 외쳐대는 토호와 토호의 온갖 연결고리들, 그리고 이 중간들을 물샐틈없이 이어주던

온갖 돈과 부패의 고리 등, 한국에서의 토건형 신자유주의는 그렇게 '타칭 좌파 정권'이 청와대에 있던 10년 동안 물샐틈없이 신자유주의를 펼쳐나갔다. 학교에서 기업까지, 어린이 경제교실에서 명품 마케팅까지, 그야말로 조금의 빈틈도 없이 지금 우리의 눈앞에 펼쳐지는 이 참담한 빈곤 사회를 향해서 기획된 하나의 시대가 만들어지게 된 것이다.

이런 현실에서 도대체 어떻게 여기에서 비정규직과 불법 파견 노동자들, 그리고 거기에 끼어보지도 못하는 알바와 경제활동을 포기한 사람들, 이런 약자들과 빈곤한 사람들이 숨쉴 틈새를 만들어낼 수 있을 것인가? 이 지점이 아마미야 카린이 우파에서 좌파로 전향하면서 처음 르포작가로 움직이기 시작한 바로 그 상황이다. 그 속에서 카린은 아주 작은 균열들을 만들면서, 일본의 당사자 운동을 만들어내었던 것이다. 물론 그렇다고 해서 일본의 상황이 단숨에 개선되거나, 단번에 최적의 해답을 찾아낼 수 있다고 말하려는 것은 아니다. 그러나 작은 균열들을 만들면서, 어쩌면 찾아올지도 모르는 해법을 향해서 안간힘을 쓰면서 한 발짝 걸어가고 있는 것은 틀림없는 사실이다.

자, 이제 우리 쪽을 돌아보자.

지난여름, 촛불집회와 함께 했던 사람들이 있기는 허다하고, 그 안에는 이름 없는 하나의 촛불로 서 있거나 물대포를 맞았던 작가들과 문화인 그리고 기자들이 있기는 하다. 그러나 그들은 지금 포위되어 있거나 무기력증에 빠져있는 경우가 대부분이다.

예컨대 그 여름, 가장 뜨거웠던 비정규직 파업현장에서 긴 단식을 했던 에세이스트 김현진에게 쏟아졌던 "결국 튀려고 하는 것 아니냐"라는 눈총은 그녀를 길고 긴 무기력증으로 빠져들게 한 것 같다.

가장 아끼던 자켓을 전경들과의 실랑이 속에서 찢어먹었다고 투덜거렸던 기자 허지웅에게는 "블로그 글 모아서 책 내려거든 다시는 책 내지마라"라고 쏟아지는 눈총이 보통 따가운 것이 아니었을 것이다.

《88만원 세대》의 공저자였고, 나의 가장 가까운 조력자였던 박권일 역시 그 뜨겁던 여름의 현장에 있었으나, 지금 그가 감당해야 하는 시대의 주문을 어깨에 받아내기에는 주변 여건이 너무 힘들어 보이는 것 같다.

그리고 사람들이 이름을 알던, 혹은 알지 못하던, 이러저러한 문화 예술인들과 20~30대 학자들이 그 자리에 있었지만, 그야말로 '날개 잃은 천사'처럼, 다시 한 번의 외침을 만들어내기에는 자기 자리를 지키는 것만도 버거워서 허덕거리는 듯하다. 이를테면, 중앙의 출구 쪽에서 출간이나 이론 작업 혹은 예술작품으로 길을 열어주어야 할 사람들, 그리고 바로 그 당사자들은 지금 우리에게는 그야말로 채 날개를 펴지 못한 천사들처럼 한 쪽 구석에서 조금씩 죽어가고 있는 것이다. 정말 슬프지 않은가?

그런 가운데에 아마미야 카린과 그의 동료들을 보면, 그들이 보여주는 난장과 축제, 그리고 그 한바탕 흐드러짐이 어찌 아름답게 보이지 않을 수 있을까? 그러면서 그들은 일본의 주류 사회와 소수가 지배하는 사회의 한 가운데에서 균열을 만들어가고 있는 것이다.

반면 우리의 '2말3초'들이 그 촛불 집회 한 가운데에서 날개 잃은 천사들처럼 쓰러져가고 있을 때, 한국의 원로나 장년 학자들은 되려 지나치게 꼰대처럼 굴었다. 이제 그만 정치는 국회에 맡기고 '정당정치의 정상화'에 힘써야 한다면서 "다들 모두 그만 집에 가라"고 했던 최장집 선생이나, 지방은 다 제쳐두고 굳이 '시청' 앞이라야 모일 수 있는 "너희 서울 것들"이라고 빈정댔던 강준만 선생이나, 사실 너무 지나치게 꼰대 같은 짓을 한 것은 사실이다. 그래봐야 중산층들의 '자기 건강 챙기기'라고 그 사건을 내리깎던 일부 좌파들의 지적 역시 아주 근거 없는 것은 아니지만, 그 또한 지나친 근본주의적 경향을 보였던 것도 사실이다.

하여튼 그 여름의 사건은 그렇게 종료되었고, 그것이 성공한 사건이든, 실패한 사건이든, 어쨌든 '촛불 정서'라는 것만을 남겨놓은 채 다들 일상으로 복귀하였다. 그러나 그 속에 있었던 당사자 흐름에서 소위 '중앙'이라고 할 수 있는 사람들의 낭패감이, 내가 이해하기에는 보통은 아닌 것 같다. 물론 지역에서 진행되는 반反빈곤 혹은 사회적 연대의 흐름이 그 이후로 더 나아졌다고 얘기하기는 어려울 것 같다. 어차피 한 번도 전면에 나선 적이 없었는데, 더 꺾일 것도, 더 나아질 것도 없다는 것이 올바른 표현이 아닐까?

그러나 그 날개 꺾인 천사들을 보면서, 지난 2008년의 5~6월의 《게공선》 붐 현상과 일본 비정규직들의 국회 앞 시위, 그리고 연말과 연초 NHK를 비롯해 공중파를 뒤덮었던, 금융위기로 해고된 파견 노동자들의 '파견마을派遣村농성사건'을 보면서 내가 느꼈던 아쉬움은 보통이 아니었다.

한국에서는 중앙이든 지방이든, 혹은 그 연계고리이든, 신자유주의가 만들어놓은 경쟁의 구도는 이미 많은 것을 가진 자에게 지나치게 유리하고, 새로 진입하려는 사람 혹은 기존의 질서에 대해서 의심을 품으려는 사람들에게는 지나치게 가혹한 측면이 많다. 그리고 무엇이든 해보려고 하면, "희망을 가지려면 우리말을 잘 들어야 한다"는 말로 그것이 무슨 철의 법칙이라도 되는 양 몰아붙인다.

우리에게 에너지가 없는 것은 아니다. 정말이다. 한국의 빈곤 문제는 일본보다 훨씬 더 심하고 악랄하면 악랄했지 덜 하지 않다. 그래서 에너지 자체는 충만하고, 지역적인 결절점도 이미 여러 곳에 존재하고 있다. 아마미야 카린이 짧은 서울 방문에도 불구하고《성난 서울》이라는 한 권의 책을 써낼 수 있었던 것은 바로 그런 에너지를 발견했기 때문일 것이다. 한국에는 지금 빈곤이 내장하고 있는 운동적 에너지 자체는 충만한 상태처럼 보인다.

그러나 그 에너지를 끌어내 모아줄 결절점이 될 그 사람들, 그들은 지금 날개를 채 펴지 못한 웅크리고 있는 중이고, 겨울에는 춥게, 여름에는 덥게, 습하고 습한 장판 위에서, 그야말로 장기하의 노래

가사처럼 내가 장판인지, 장판이 나인지 모르는, 그런 삶의 어두운
질곡들을 통과하고 있는 중이다.

어떻게 혹은 누가 날개를 접은 우리들 '2말3초' 가 다시 한 번쯤은
날아오르게 해줄 수 있을 것인가? 혹은 무엇이 그들에게 원초적 창
작욕과 표현욕구 그리고 대중 앞에서 자신들의 이야기를 하고픈 절
박함을, 또는 정의감을 다시 펼쳐보이게 할 수 있을 것인가?

일본과 한국의 고민이 만나다

일본도 고민이 많은 사회이다. 한국 정치가 아무리 후진적이라고
하더라도, 벌써 몇 번째 아버지의 지역구를 물려받은 아들들이 수
상이 되는 그런 정도로 말도 안 되는 정치구도를 가지고 있지는 않
다. 그러나 한국은 일본 이상으로 고민이 많은 사회이다. 한국은 일
본보다 실제에 있어 훨씬 우경화된 사회이고, 일본과는 비교도 되
지 않게 독서를 안 하는 국민들로 구성된 사회이다. 게다가 식민지
사회였고, 그나마 부역자 청산도 제대로 하지 못한 나라이다. 그러
니 이 안에 고민들이 많이 내장되어 있는 것은 당연하다.

그러나 대체적으로 한국과 일본의 사회적 주요 고민들이 한 지점에서 그리고 한 시점에서 만난 것은 이번이 처음이 아닐까 싶다. 일본이 68혁명의 파장 속에서 전공투를 맞을 때, 한국은 박정희와 함께 선진국으로 가는 개발독재의 꿈에 부풀어 있었다. 한국이 유신을 건너며, 다시 전두환을 만날 때, 일본은 이런 식의 독재와는 거리가 먼 곳에 있었다. 1990년대에도 마찬가지로 두 나라의 주요 고민들은 겹치지 않았고, 21세기에 들어서도 마찬가지였다. 1990년대 일본이 버블공황으로 심각할 때 한국은 고성장을 누리고 있었고, 한국이 IMF 경제위기로 힘들어할 때, 일본 경제는 여전히 어려웠지만 다른 아시아 국가의 금융위기와는 전혀 다른 양상이었다.

내가 이해하기로는 일본과 한국이 같은 양상의, 또한 비슷한 범주의 사회적·경제적 문제들을 거의 같은 시기에 고민해야 하는 첫 번째 사건이 다름 아닌 지금 한국과 일본이 부딪히고 있는 20대의 빈곤, 비정규직, '로스 제네', 혹은 워킹 푸어와 같은 문제들이 아닐까 한다. 그래서 아마마야 카린과 그의 동료들이 지금 한국을 주시하고 있는 것이고, 자의반 타의반 이 문제에 대해서 눈을 감을 수 없는 입장에 서게 된 내가 일본의 파견마을 지도자들과 만나고 다음번 의제에 대해서 논의하게 되는 것이 아닐까 한다. 정말로 우리가 기억할 수 있는 해방 이후의 역사를 돌아보면, 일본의 청년 세대와 한국의 청년 세대가 지금처럼 각각의 동일한 사회적 의제를 가지고 진지하게 만날 수 있는(만나야만 하는) 상황이 된 적은 처음인 것 같다. 개별적인 여행이나 교환학생을 제외하면, 지금까지 한국과 일본의 청년은 '울트라 니폰'과 '붉은 악마'로 서로 상대방과 겨루어대는 축구 경기장 같은 곳에서 주로 만났던 것이 아닌가?

좀 객관적으로 현재 상황을 평가하면, 대중적인 에너지는 한국이 조금 더 높은 편이다. 한국은 언제든지 즉각적으로 청년 실업 혹은 비정규직 문제로 '제2의 촛불집회'를 터뜨릴 수 있을 정도로 심각한 울분들이 내장되어 있는 상태이다. 그러나 그를 촉발할 심지도 없고, 걸출한 지도자도 없는 상태에서, 이 분노의 에너지들이 억눌린 상태로 방치되어 있는 것이 지금의 한국 상황이라고 할 수 있다. 아마미야 카린의 책 제목 그대로 '성난 서울'인 것은 맞다. 그러나 성이 난 상태이기는 하지만, 뭘 해야 할지 모르고 있는 상황인 것이다.

반빈곤 운동의 대표적인 리더인 유아사 마코토. 도쿄대 대학원 박사과정이던 그는 빈곤의 시대에 법학을 공부한다는 것은 무엇인가라는 질문을 던지며 대학 울타리를 벗어나 빈곤의 현장으로 뛰어든다. 일본 주류사회로의 진입이 확실했던 그의 이런 결단으로 미디어들은 가난한 사람들의 당사자운동에 긴장된 관심을 갖게 된다.

반면 일본의 대중적 에너지는 한국만큼 높지 않다. 일본의 집회는 한국보다 작고, 그 길이도 짧다. 한국의 단식은 이제는 수 십일이나 이어지고, 삼보일배에 이어, 오체투지가 다시 지금 진행되고 있을 정도로 한국은 에너지가 많다. 그만큼 더 억눌린 상태이고, 억압의 강도가 높은 만큼 폭발력은 한국이 높다. 그러나 일본은 지금 한국 보다 더 정교하고, 또 더 촘촘한 그들의 조직을 가지고 있고, 그들 을 이끌 지도자 혹은 대표자들을 가지고 있다. 그것은 민주노총과 같은 한국의 노동 좌파들이 주로 표현하는 '지도부'와는 약간 뉘앙 스가 다르다. 이들처럼 선거로 뽑힌 지도부는 분명히 아니지만, 시 스템의 관점으로 볼 때 그들(주류 노동사회 밖의)에게 어디론가 가자 고 할 구심점들을 분명히 가지고 있다. 아마미야 카린은 분명히 그 런 구심점 중의 하나이다. 동경 법대 출신인 파견 마을 사무국장인 유아사 마코토湯浅誠와 아마미야 카린은 분명히 성격을 달리 하는 구심점이기는 하지만, 둘 다 중요한 사람들인 것은 사실이다. 선거 로 선출된 것은 분명히 아니지만, 두 사람 다 대중들의 꿈틀거림 속에서 일어난 사람인 것은 맞는 것 같다.

이렇게 같은 문제를 고민하지만, 약간씩 형태와 성격을 달리하는 두 나라의 고민이 만나는 것은 분명히 어떤 방식으로든 서로에게 도움이 되기는 할 것 같다. 이것은 '성난 서울'과 '성난 도쿄'가 만나는 것과는 분명히 조금은 다른 얘기이다. 어쨌든 지금 두 나라가 당면하고 있는 문제는 최소한 한 사회의 지속가능성을 위해서는 해결되어야 할 문제이기 때문이다.

한 가지 확실한 것은, 이렇게 서로 만나는 것을 지금 학계의 분류 방식으로는 '빈곤의 세계화'라고 부르는데, 이 흐름이 양쪽에게 서로 도움이 될 것이라는 점이다. 물론 기계적으로 우리에게 익숙했던 '구국의 강철대오'와 같은 형태가 되지 않을 것이라는 점은 너무 명확하지만, 서로에게 부족했던 점을 채워나가면서 전선을 넓히는 일종의 '공진화共振化' 작용이 될 가능성이 높다는 점은 확실하다.

맺는 말 – '1회용 건전지' 시대에 부쳐...

"우리는 크리넥스 티슈가 아니다"라는 구호는 3년 전 프랑스에서 생애최초고용법을 시행하려고 했을 때, 프랑스의 대학생들과 노동

조합에서 내걸었던 구호이다. 이 때 프
랑스 파리는 불 타오르는 폭동에 휩싸
였고, 처음으로 일자리를 얻게 된 고용
자는 언제든지 사장이 임의로(2년 이내
에) 해고할 수 있다는 내용을 담은 이
법안은 폐기되었다. 물론 이 법안은 첫 번째 고용에 대해서 해임권
을 주었을 뿐이지, 그렇다고 반드시 해임을 해야 한다고 명기한 것
은 아니다.

한국에서 최근 시행되는 청년 인턴제는 이보다는 몇 배 악랄한 것인데,
프랑스와 비교하면 아예 1년 미만에서 해임을 하도록 규정하고 있는
셈이다. 게다가 이 기간이 1년 미만이 된 것은 얼마 되지도 않는 퇴직
금을 1년 이상 근무자에게 지급해야 하는 것조차 회피하기 위해서이
다. 악덕 알바 업주들이 주로 사용하는 이 방식을 정부가 직접 사용한

것은 지독할 정도로 악랄한 일이다. 원래 정부는 경제적 효율성과 함께 정신적이고 철학적인 정당성을 가지고 있어야 정책의 일반적 수용성 이라는 것이 생기는 것인데, 해도 해도 좀 너무한 일이 아닐 수 없다.

그런데 정상적이라면 이 시점에서 한국의 노조, 그것이 한국노총이 든 민주노총이든, 이런 악랄한 일은 벌어져서는 안 된다고 적극적 으로 나섰어야 했다. 민주당이 지금 저 꼴이고, 진보정당은 흔적도 없다시피한 지금, 사실 최소한의 물리력으로 바리케이트를 사용할 수 있는 것은 노동조합 밖에 없다. 그러나 이들 노동자들의 대표적 조직들은 형식적인 성명서 몇 번 내고 아무 일도 벌어지지 않았다.

그러자 정부는 아예 한 술 더 떠서 최초 고용자의 임금을 삭감하는 조치를 취했다. 공무원이든 민간기업이든, 교묘하게 뒤틀린 통계들 을 제시하면서 올해 졸업생들 중 가까스로 정규직에 들어온 사람들 의 임금을 삭감하였다. 이게 내가 세대 착취라고 부르는 사건의 전 형적인 현상이다.

이 과정에서 별 충돌은 별로 없었다. 기이할 정도로 조용했고, 재수 없게도 금년도 졸업하는 대학생들은 1개월 미만의 인턴이거나, 임 금이 삭감된 정규직이거나, 둘 중의 하나만의 선택지를 가지게 되

었다. 그게 무서운 사람들은 휴학(모라토리엄)을 하면서 경제 사정이
나아지기를 기다리며 대학 기간을 연장하고 있다.

지금 그들끼리는 '1회용 건전지'로 자신을 부르고 있다. 크리넥스 티
슈만큼이나 느낌이 확실한 단어이다. 그러나 지난여름, 아마미야 카
린이 보았던 그 '성난 서울'은 지금 아무 데서도 보이지는 않는다. 동
면중인가? 긴 겨울이 1회용 건전지의 방전을 막아주고 있는 것인가?

양상만으로 보자면, 아마미야 카린이 본 '성난 서울'은 지금은 '둔
한 서울'처럼 느껴지고 있다. 그러나 폐건전지가 코끼리 무덤을 이
루게 되는 어느 순간, 그 '둔한 서울'은 다시 '성난 서울' 혹은 '성
난 한국'이 될 것이라 나는 믿고 있다. 살아있는 사람은 어떻게든
살게 마련이고, 그들은 절대로 크리넥스 티슈나 1회용 건전지 따위
로 평생을 살 수 없기 때문이다.

밥은 먹고 다니냐?
이게 인사가 되어버리는 1회용 건전지들의 사회, 그게 어떻게 지속
이 가능한가? 나는 불온하게도 또 다른 시작의 희망을 절대 포기하
지 않을 것이다.

옮긴이 송태욱은 연세대학교 국문과와 동대학원을 졸업하고 문학박사 학위를 받았다. 도쿄외국어대학
연구원을 지낸 바 있으며, 2009년 현재 연세대에서 강의하며 번역 일을 하고 있다. 지은 책으로《르네
상스인 김승옥》(공저)이 있고, 옮긴 책으로는《탐구1》(가라타니 고진, 1998),《형태의 탄생》(스기우라 고헤
이, 2001),《윤리 21》(가라타니 고진, 2002),《포스트콜로니얼》(고모리 요이치, 2002),《천천히 읽기를 권함》
(야마무라 오사무, 2003),《연애의 불가능성에 대하여》(오사와 마사치, 2005),《트랜스크리틱》(가라타니 고진,
2005),《번역과 번역가들》(쓰지 유미, 2005),《소리의 자본주의》(요시미 순야, 2005),《사랑의 갈증》(미시마
유키오, 2006),《비틀거리는 여인》(미시마 유키오, 2006),《세설細雪》(다니자키 준이치로, 2007),《만년晚年》(다
자이 오사무, 2008),《눈의 황홀》(마쓰다 유키마사, 2008),《베델의 집 사람들》(베델의 집 사람들, 2008) 등이
있다. 이번《성난 서울》의 경우 번역만이 아니라, 이 책의 추천자이기도 하다.

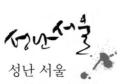

성난 서울
– 미래를 잃어버린 젊은 세대에게 건네는 스무 살의 사회학
《怒りのソウル—日本以上の「格差社会」を生きる韓国》

초판 2쇄 발행 2009년 6월 10일

지은이 아마미야 카린＋우석훈
옮긴이 송태욱
펴낸이 강경미
펴낸곳 꾸리에 북스
디자인 (주)디자인하늘소 02)336-1814
출판 등록 2008년 08월 1일 제313-2008-000125호
주소 (우)121-837 서울 마포구 서교동 362-12번지 4층
전화 02)336-5032
팩스 02)336-5034
전자우편 courrierbook@naver.com
값 13,000원
한국어판 출판권 ⓒ 꾸리에 북스, 2009

ISBN 978-89-962175-3-4 03300

• 정성을 다해 만들었습니다만, 간혹 잘못된 책이 있습니다.
연락주시면 바꾸어 드리겠습니다.